Livre du **catéchiste**

11 - 13 ans

Tome **2**

Livre du **catéchiste**

11 - 13 ans

Tome **2**

Cet ouvrage a été rédigé par les Services diocésains de catéchèse de la Province de Rennes : Angers, Laval, Le Mans, Luçon, Nantes, Quimper, Rennes, Saint-Brieuc, Vannes,
en collaboration avec l'Aumônerie de l'Enseignement Public
et la Direction de l'Enseignement Catholique du diocèse de Rennes
Imprimatur à usage catéchétique en France, le 30 novembre 2009, Monseigneur Pierre d'Ornellas,
archevêque métropolitain de la Province de Rennes
Conception : Yann Legrand, Le monde en parle (56)

19, rue de la Saillerie - CS 10002 - 49184 Saint-Barthélemy-d'Anjou Cedex - www.editions-crer.fr
Dépôt légal : janvier 2010 • Achevé d'imprimer en France chez EMD, septembre 2013 - N° 28399
ISBN 978 2 85733 269 5 • ISSN 2100-4004

Mot de passe www.seldevie.fr : SdV1113g68H

Sommaire

Introduction

11-13 ans

Une nouvelle collection : Sel de Vie

La question de l'annonce de l'Évangile a toujours besoin d'être posée et ajustée afin d'être reçue dans les meilleures conditions possibles.

Suite à la parution du *Texte national pour l'orientation de la catéchèse en France,* avec l'accord et le soutien des évêques de la Province de Rennes, les Services de Catéchèse de ses neuf diocèses ont entrepris d'écrire de nouveaux documents catéchétiques.

Ces documents s'appuient sur « *Le principe d'une organisation de la catéchèse ordonnée à toutes les étapes de la vie* » (*Texte national pour l'orientation de la catéchèse en France*, pp. 73-77).

- Ce principe permet de répondre aux désirs de renouvellement largement exprimés par les acteurs catéchétiques.
- Il veut tenir compte des attentes des parents d'enfants catéchisés et plus largement des membres de la communauté chrétienne.
- Il s'appuie sur les intérêts et questionnements des personnes à chaque étape de leur vie.
- Il propose une catéchèse à tous, quel que soit l'âge des personnes.
- Il offre à chaque étape de la vie, une proposition cohérente, organique et systématique de la foi chrétienne.

Ces documents appartiennent à une collection qui, à terme, s'adressera à tous les âges de la vie. Cette proposition est destinée aux jeunes de 11-13 ans. D'autres documents existent pour les 7-9 ans, les 9-11 ans et les 13-15 ans. Plus tard, des propositions seront faites pour les 15-18 ans, les jeunes adultes, les adultes matures, et les adultes retraités.

Sel de Vie

- Les fondements
- Qu'est-ce qu'un module ?
- La pédagogie
- Les étapes de la vie
- La proposition pour les jeunes de 11-13 ans
- Le cadre de référence : l'histoire du salut et l'esprit des Béatitudes
- Quelle organisation pour une année ?

Introduction

Les fondements

La pédagogie d'initiation

En faisant le choix de la pédagogie d'initiation, le *Texte national pour l'orientation de la catéchèse en France* (*TNOCF*) ne décrit pas une méthode pédagogique particulière. La pédagogie d'initiation enracine la pratique catéchétique dans la pédagogie du Christ. Elle se laisse tout simplement guider par le seul véritable initiateur en prenant sa source dans l'Écriture et la Tradition vivante de l'Église.

La communauté chrétienne

Cette pédagogie d'initiation prend forme dans et par la communauté chrétienne qui porte la mission de la catéchèse. La communauté chrétienne y prend différents visages : les catéchistes, les prêtres, les nombreux acteurs impliqués de près ou de loin dans l'Église, *etc.* La parole est donnée à des témoins baptisés et le rassemblement eucharistique permet à tous de faire une expérience ecclésiale.

La personne catéchisée

Dans cette dynamique, la catéchèse doit permettre aux personnes qui font une démarche de foi « de se tenir dans la vie en croyants » (*Aller au cœur de la foi, Lettre au peuple de Dieu*, p. 13) : découvrir Dieu Père révélé par Jésus Christ, faire connaissance avec l'histoire du salut, enraciner sa vie dans la prière personnelle et communautaire, pouvoir proclamer sa foi en Jésus Christ à la suite des apôtres, nourrir sa vie par les sacrements, vivre en cohérence avec la foi chrétienne, *etc.*

» L'attitude du catéchiste

La catéchèse est le lieu de la relation et de la rencontre. Elle nécessite une attitude toute particulière de la part des personnes qui en reçoivent la mission.

Le catéchiste : un témoin

Il a lui-même fait l'expérience d'une vie touchée par l'amour de Dieu. Son quotidien puise sa force dans la fréquentation de la Parole de Dieu et se nourrit de l'eucharistie. « Le messager authentique, l'évangélisateur est un témoin. Or, sans l'implication existentielle qui fait de l'auditeur un témoin pleinement investi de la puissance de la Parole, l'activité de prédication et de catéchèse est destinée à demeurer stérile. Saint Augustin avertissait déjà que "celui qui n'écoute pas de l'intérieur la Parole de Dieu devient un vain prédicateur de la Parole à l'extérieur". La crédibilité de l'annonce passe ainsi par cette implication personnelle qui fait que ce que le catéchiste annonce est également ce dont il vit. » (Intervention d'Enzo Bianchi à Lourdes, vendredi 26 octobre 2007, *Ecclésia* 2007, *Tabga* Hors série n° 3, p. 26). Cette transformation intérieure qu'est la conversion pousse le catéchiste à dire ce qui le fait vivre, à témoigner de sa rencontre personnelle avec Jésus Christ, à prendre la parole à la suite d'une multitude de croyants.

Le catéchiste : un accompagnateur

Il est celui qui, pendant quelques mois ou quelques années, va tourner le regard des personnes vers Jésus Christ. Il est en quelque sorte celui qui va le présenter, comme on présente un ami à un autre ami. Le catéchiste est avant tout un **disciple du Christ**. « Faire une proposition catéchétique, exigeante mais respectueuse de tous, demande à chaque catéchiste de se considérer lui-même comme un disciple s'en remettant au Christ dans sa mission propre. Dans l'Église, l'aîné dans la foi est frère en humanité de celui qui cherche ; faire une proposition catéchétique, c'est se considérer soi-même comme un disciple en chemin à la suite du Christ » (*TNOCF*, p. 47). Cette familiarité avec le Christ, cette amitié l'invitent à devenir compagnon du catéchisé : être attentif à chacun, favoriser l'expression personnelle, aider à faire des liens entre vie et foi, être mémoire pour lui de ce qu'il a déjà exprimé, susciter une relecture du chemin parcouru pour y reconnaître la présence de Dieu.

Se reconnaître en chemin conduit à différentes attitudes

Le catéchiste a été appelé à cette mission parce que d'autres chrétiens ont reconnu en lui un disciple du Christ. Son désir de dire la joie de cette rencontre fait de lui quelqu'un sur qui le catéchisé peut compter. Parce que cette rencontre avec le Christ a déjà changé sa vie, on peut dire de lui qu'**il marche devant** ceux qu'il accompagne. Il leur désigne Jésus Christ comme étant celui qui leur fera rencontrer le Père et vivre de l'Esprit.

Mais en même temps qu'il marche devant, **il marche aussi à côté**. La foi continue jour après jour à transformer ce qu'il est. Avec les catéchisés, il creuse sa relation au Christ et l'enrichit grâce à la fraîcheur de leurs questions et découvertes.

Enfin, **il marche derrière** : qui n'a pas été bouleversé par la force de parole d'un enfant, ou d'un converti ? Toute catéchèse est relation ; le maître doit s'effacer pour laisser grandir le frère en Jésus Christ. « Une "pédagogie d'initiation" regarde toujours la personne avec le souhait actif de rendre possible chez elle une ouverture spirituelle. Son fruit est la relation en chaque personne de l'acte même de Dieu qui attire à lui. » (*TNOCF*, p. 65).

Cette mission, le catéchiste la reçoit de l'Église. Le témoignage d'un seul ne suffit pas ; il doit être porté par **la communauté chrétienne**. C'est en elle que le catéchiste trouve soutien, formation et dynamisme. C'est avec elle que le catéchisé est initié aux richesses de la foi chrétienne.

Dans cette perspective, ces itinéraires catéchétiques font appel à des témoins, invitent les catéchisés à rejoindre l'assemblée dominicale pour célébrer l'eucharistie. « La pédagogie d'initiation demande à une communauté chrétienne de rendre possible chez des enfants, des jeunes et des adultes, l'accueil de ce qui nous construit comme croyants dans l'Église » (*TNOCF*, p. 28).

Qu'est-ce qu'un module ?

Un itinéraire

C'est « l'unité de base d'une telle organisation de la catéchèse. Par module nous entendons une démarche qui s'étale sur plusieurs rencontres, selon une durée, un rythme et des modalités qui peuvent varier selon les âges et les possibilités. » (*TNOCF*, pp. 75-76).

Un module fait parcourir un itinéraire au service d'un cheminement des personnes. Il n'est pas une juxtaposition d'étapes successives, mais au contraire, les étapes s'articulent pour permettre que quelque chose de la vie de foi ait le temps de prendre corps. Il faut que du temps soit laissé au processus de maturation que doivent pouvoir vivre les personnes.

L'itinéraire que fait parcourir chaque module est construit dans une cohérence qui lui est propre, avec un commencement et une fin. Il se termine toujours pour le catéchisé sur une réponse provisoire ; rien n'est figé, il faut laisser les choses où elles en sont à la fin du module. Le but n'est pas de traiter une question de manière exhaustive, tout ne sera pas dit, tout ne sera pas définitivement appris ou assimilé. Un autre itinéraire pourra être vécu avec un autre module, sans vouloir chercher un ordre de progression prédéfini. C'est en la personne elle-même que se construira l'être chrétien.

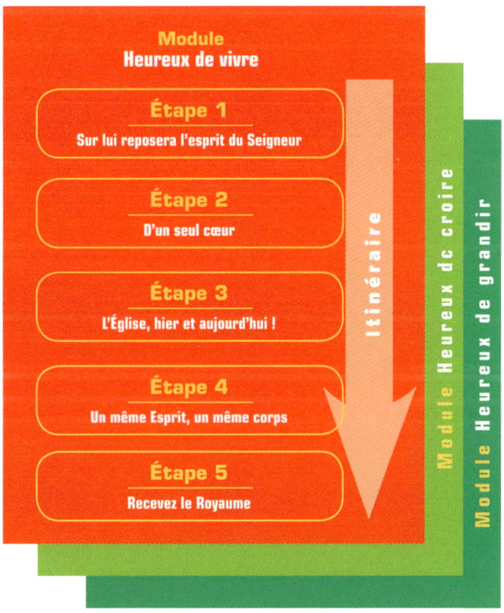

Introduction

Pour la collection Sel de Vie

À chaque module correspond **un livret pour le catéchisé**. Le catéchiste dispose d'**un livre regroupant plusieurs modules**.
Un module comprend **quatre à six étapes**, chacune pouvant se vivre en une ou plusieurs rencontres.
L'organisation du module prévoit également **une rencontre et des repères pour les catéchistes**.
Pour les modules de l'enfance, on trouvera une rencontre pour les parents et une proposition grand groupe - petites équipes. Certaines rencontres peuvent être vécues de manière intergénérationnelle (parents / enfants / autres membres de la communauté chrétienne).
Des vidéos et des compléments (documents à photocopier pour les enfants, animations, *etc.*) sont à télécharger gratuitement sur le **site Internet Sel de Vie** (www.seldevie.fr).

Vous trouverez tout le matériel nécessaire pour les jeux dans **un supplément du catéchiste**.

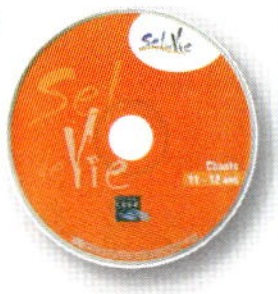

Un CD des chants proposés pour chaque module est disponible. Il contient à la fois les enregistrements et les partitions (piste CD-Rom) des chants.

Une collection à enrichir de votre expérience

Sel de Vie a reçu *un imprimatur à usage catéchétique en France ad experimentum*. Cela signifie que vos mises en œuvre nous intéressent et que nous tiendrons compte de vos remarques pour améliorer la collection. Vous avez donc la possibilité de nous faire part de vos réactions ou de vos suggestions à l'adresse : seldevie@editions-crer.fr

Les services diocésains de la catéchèse de la Province de Rennes ont aussi élaboré un site catéchétique (www.cate-ouest.com). Il a été totalement repensé pour tenir compte du *Texte national pour l'organisation de la catéchèse en France*. Vous y trouverez des propositions catéchétiques pour les enfants, les adolescents et les familles. Elles pourront venir compléter ce que vous vivez déjà avec les documents de la collection Sel de Vie.

La pédagogie

La Parole de Dieu

Ces modules s'appuient sur la Parole de Dieu. C'est elle qui nous conduit au Christ, et c'est lui qui nous montre son Père. Différentes pédagogies actives sont mises en œuvre pour permettre aux catéchisés de découvrir la richesse de l'Écriture Sainte qui devient Parole de Dieu vivante quand elle est écoutée, reçue, méditée, proclamée.

La Tradition vivante

L'acte de foi des chrétiens s'inscrit dans une Tradition dont il est fait écho dans les documents catéchétiques. Une place est ainsi donnée à la culture chrétienne (histoire de l'Église, arts, rites, pratiques évangéliques, *etc.*). Toute catéchèse comporte cette présentation des repères chrétiens.

La vie des personnes

La Parole de Dieu est toujours croisée avec les interrogations des personnes. Leurs soifs de vérité, d'action, de relation, d'intériorité questionnent les textes bibliques et réciproquement. Les pédagogies proposent des matériaux leur permettant de mettre en relation leur vie et celle de Jésus Christ.
Le respect de l'intériorité tient également une place importante quand :

- les questions suscitent l'attention et l'investissement,
- le dialogue oblige à un positionnement propre,
- des temps de silence invitent à une réponse personnelle,
- la prière ouvre à la relation avec Dieu.

Les étapes de la vie

Chaque étape de la vie est caractérisée par des **dynamismes vitaux** témoignant de la recherche de sens ou de Dieu, et du désir de vérité ou d'absolu existant en tout être humain. Des points de passage permettent de faire résonner les questionnements des personnes dans un **cadre de référence** de la vie chrétienne. La **problématique** formule l'articulation entre ces données. Les propositions pédagogiques mises en œuvre, dans les modules, partiront de ces problématiques pour amener les personnes à s'interroger et découvrir la foi chrétienne.
Le choix des étapes et l'organisation en tableau ont été élaborés en tenant compte du *Texte national pour l'orientation de la catéchèse en France*, du *Directoire Général pour la Catéchèse*, du *Catéchisme de l'Église Catholique* et des recherches andragogiques (pédagogies pour l'adulte) actuelles.

Quelques définitions

Dynamismes vitaux

Par dynamismes vitaux, on entend ce qui fait vivre les personnes à chaque étape de la vie : ce qui éveille leur désir, mobilise leur énergie, habite leur quotidien tant au niveau psychique, affectif, intellectuel que spirituel. Ce peut être à la fois ce qui fait agir et avancer dans la vie et ce qui freine et empêche de grandir, les forces, les fragilités et les blessures des personnes.
Une catéchèse par étapes de la vie tient compte de ces dynamismes, et plus encore, doit s'appuyer sur eux pour que la proposition de la foi s'enracine dans tout l'être de la personne. Ainsi avons-nous pointé quatre dominantes qui semblent être présentes tout au long de l'existence et témoignent en chacun de l'acte créateur divin :

> **La soif de vérité** conduit l'homme à chercher un sens à l'existence et à découvrir ses origines et celles du monde dans le dessein de Dieu.
> **La soif d'action** amène l'homme à trouver sa place dans le monde et à se situer ainsi comme être créé par Dieu, en devenir et responsable de ses choix.
> **La soif de relation** relie les hommes entre eux et conduit chacun à reconnaître en l'autre la dignité de toute personne créée à l'image de Dieu.
> **La soif d'intériorité** invite l'homme à se reconnaître aimé de Dieu.

Cadre de référence

Le *Texte national pour l'orientation de la catéchèse en France* propose un cadre de référence par étapes de la vie (p. 75) : « Nous appelons "cadre de référence" toute *"synthèse cohérente et vitale de la foi"* qui précise quels appuis de la vie chrétienne sont à honorer. (*Cf. Directoire Général pour la Catéchèse*, n° 114-115) ».
L'ensemble de la vie chrétienne s'articule autour de l'histoire du salut (Ancien et Nouveau Testament, vie de Jésus, histoire de l'Église) et des quatre piliers fondamentaux (le symbole des apôtres, les sacrements, le double commandement de l'amour de Dieu et du prochain, le *Notre Père*).
L'itinéraire, proposé à une étape de la vie, privilégie un cadre de référence, tel que « l'histoire du salut » et « l'esprit des Béatitudes » pour les jeunes de 11-13 ans, ce qui ne signifie pas que nous fassions abstraction des autres éléments de la vie chrétienne.
Ces modules croisent ainsi l'histoire du salut et l'esprit des Béatitudes. Leur visée est de permettre aux jeunes de percevoir leur place dans l'histoire du salut et de découvrir à quel bonheur Dieu appelle tout homme.
Chacun de ces modules ouvre une porte différente pour entrer dans le mystère de l'Alliance de Dieu avec les hommes. Il propose aux jeunes de :

> - croiser des hommes et des femmes dont la vie a été touchée par la rencontre avec Dieu,
> - découvrir que l'Écriture Sainte est Parole de Dieu qui guide la vie des croyants,
> - contempler Dieu qui donne son amour en toute circonstance,
> - s'émerveiller devant Dieu qui accompagne l'histoire de chacun,
> - prendre place dans l'histoire du salut,
> - percevoir leur liberté et être initiés au choix et au discernement,
> - se familiariser avec la prière.

Introduction

Problématique

Les soifs de vérité, de relation, d'action, d'intériorité habitent les personnes ; c'est là que peut s'exprimer un désir de Dieu. Ces soifs, ce désir de Dieu provoquent des questions, suscitent un échange entre enfants et adultes et permettent à celui qui les pose d'obtenir des éléments de réponse. La problématique est l'ensemble des questions qui suscitent une réflexion. Il n'y a pas de réponse par oui ou non mais des éléments qui aident chacun à cheminer dans sa foi.

Étape / âge de la vie : entre 11 et 13 ans

Dynamismes vitaux			
Soif de vérité C'est une période où s'affirme le besoin de comprendre et d'explorer des événements et des idées pour apporter soi-même des réponses. Le jeune adolescent a besoin de s'opposer et d'argumenter pour appréhender et s'approprier la réalité.	**Soif de relation** Le jeune entre dans la période de contradictions et de paradoxes. Entre l'enfance et l'adolescence, il est partagé entre sa famille et ses amis. Le groupe commence à avoir beaucoup d'importance et d'influence. Son regard sur la société s'aiguise.	**Soif d'action** C'est l'âge le plus souvent ouvert à l'action : le jeune veut être lui-même acteur, se sentir responsable. Il est prêt à se laisser solliciter pour relever des défis. Il est très sensible aux questions de justice, de respect de la loi, des personnes, de l'environnement, *etc.*	**Soif d'intériorité** Un grand désir d'absolu est présent. Durant cette étape de grande fragilité, il est important de pouvoir parler, de dire. Dans le monde et sous le regard des autres, il se pose la question : Qui suis-je ?
Points de passage			
Permettre aux questions des jeunes adolescents de s'exprimer et d'être pris au sérieux : qui suis-je ? Où est ma place ? Comment être heureux ? *etc.*	Le jeune a besoin de rencontrer des témoins qui vivent leur foi dans le quotidien, avec bonheur et dynamisme.	Le désir d'action les rend sensibles et acteurs de nombreuses initiatives de solidarité. Ils ont aussi besoin de retrouver d'autres jeunes chrétiens, de s'identifier et d'être reconnus par des collégiens plus âgés.	Bâtir une solidité intérieure en compagnie des grandes figures bibliques. À partir d'elles s'expérimente la possibilité de traverser les épreuves, le découragement, le mal, parce que Dieu se révèle comme celui qui n'abandonne jamais les siens.
Cadre de référence privilégié			
Dans l'histoire d'Israël et par son Fils, Dieu révèle son projet de salut pour tous les hommes. Les Béatitudes, proclamées par Jésus dans le sermon sur la montagne, disent à quel bonheur Dieu appelle ses disciples.			

La proposition pour les jeunes de 11-13 ans

Ce document s'adresse d'abord aux jeunes de 11-13 ans. Ce principe s'appuyant sur les étapes de la vie, le choix est fait de parler de tranches d'âges plutôt que de niveaux scolaires.

Le livre du catéchiste

Ce livre du catéchiste comprend deux modules :

- Heureux de vivre
- Heureux de croire (Avec des éléments pour la préparation à la profession de foi.)

Quatre autres modules, présentés dans le tome 1 et le tome 3, viennent compléter la proposition :

- Heureux d'aimer
- Heureux d'espérer
- Heureux de grandir
- Heureux d'agir

L'ensemble s'articule autour de l'histoire du salut et l'esprit des Béatitudes (*cf.* Cadre de référence, pp. 18-20).

L'avis de Gabriel

L'avis de Gabriel dans le déroulement pour les catéchistes est une synthèse de l'étape qui donne un repère au catéchiste et aux jeunes et fait apparaître clairement le fil conducteur entre les étapes.

Le livret jeune

Le principe d'un magazine

Le livret jeune suit le principe d'un magazine. Il n'est pas conçu pour être lu linéairement du début à la fin. Son objectif est double :

- Les déroulements d'étapes proposés dans le livre du catéchiste renvoient à différentes rubriques du livret jeune. Ce fonctionnement permet d'aborder une même question sous différents angles (bible, témoignage, regard sur le monde, spiritualité, *etc.*).
- Les jeunes ont un document personnel qui peut répondre à certaines de leurs questions. La forme non scolaire et ludique leur permet de se l'approprier, de le lire progressivement et d'aborder chaque rubrique comme un tout.

Les rubriques

Les rubriques déclinent la question du module en proposant différentes approches. Les titres des rubriques suivent la thématique du voyage. Le jeune commence un itinéraire de foi ; les rubriques sont des balises pour avancer sur ce chemin avec d'autres ou seul.

L'**Édito** interpelle les jeunes et suscite le dialogue. Il peut être proposé en début d'étape pour lancer la discussion.

Qu'est-ce que tu dis ?

Des questions en lien avec la problématique abordée dans le module. Cette rubrique permet de susciter d'autres questions ou de résonner avec les questions que se posent les jeunes de l'équipe. Ces pages peuvent être, elles aussi, utilisées en début d'étape mais elles peuvent aussi être consultées en cours de cheminement pour dynamiser la réflexion ou évaluer le chemin parcouru. (À quelles questions commençons-nous à apporter une réponse ? Ou au contraire, quelles questions faut-il continuer à se poser ?)

Globe-trotter

Cette rubrique est une page ouverte sur le monde. Elle croise la problématique du module avec une réalité actuelle.

Introduction

En route !

C'est l'équivalent du dossier dans un magazine. Il est central dans le déroulement pédagogique et dans le livret lui-même. L'Écriture Sainte est au cœur de chaque module. Cette rubrique propose les textes bibliques dans la traduction liturgique et donne des éléments pour les comprendre et les situer. En équipe, les jeunes feront une première approche de découverte, de compréhension et de partage. Seuls ou en famille, ils pourront approfondir et revenir sur les textes bibliques pour nourrir leur cheminement et leur prière personnelle.

À la loupe : Cette rubrique propose dans la première double page, l'approche culturelle d'un sacrement : ses origines scripturaires et quelques repères historiques. La deuxième double page propose un cheminement personnel à vivre avant le sacrement à partir d'un texte d'évangile ou du *Credo* et présente la démarche spécifique du sacrement.

Ta boussole : En prenant un temps de relecture en fin de chaque étape, le jeune est invité à intérioriser ce qui a été vécu et partagé lors des rencontres. Cette rubrique est comme une boussole qui indique le nord en s'appuyant sur la vie du jeune. Elle pose quelques jalons pour faire grandir la vie intérieure et spirituelle de chacun.

Carnet de visite : Partir à la découverte d'une grande figure de la foi ! Cette rubrique donne quelques éléments pour connaître un saint, sa vie, sa mission et sa spiritualité. Elle propose également quelques textes phares pour prier avec ce témoin.

Pour choisir un module

Visée du module

Heureux de vivre

La visée de ce module est de permettre aux jeunes de découvrir que l'Église est née du don de l'Esprit Saint. Elle est le lieu privilégié pour vivre à la suite du Christ. Vivre en chrétien, c'est être rassemblé par Dieu, et envoyé dans le monde : l'Église est le Peuple de Dieu.

C'est vivre des sacrements et se reconnaître membres de l'Église : elle est le Corps du Christ.

C'est prendre conscience que l'Esprit habite et anime l'Église : elle est le Temple de l'Esprit.

Heureux de croire

La visée de ce module est de permettre aux jeunes de découvrir que croire est un acte vital qui répond au désir profond de vérité et de bonheur. « Qui dit "Je crois" dit "J'adhère à ce que nous croyons" » *Catéchisme de l'Église Catholique* n° 185.

En disant « Nous croyons », nous reconnaissons que nous recevons la foi de l'Église et que chacun est appelé à faire un chemin de foi qui lui permettra de dire « Je crois ». En retournant à la source du baptême, première profession de la foi en un seul Dieu, Père, Fils et Saint Esprit, les jeunes pourront en redécouvrir le sens pour en vivre davantage.

Pour chanter : On y trouve les paroles de chants proposés dans le module.

Cent mille questions et **Dans ton sac à dos**

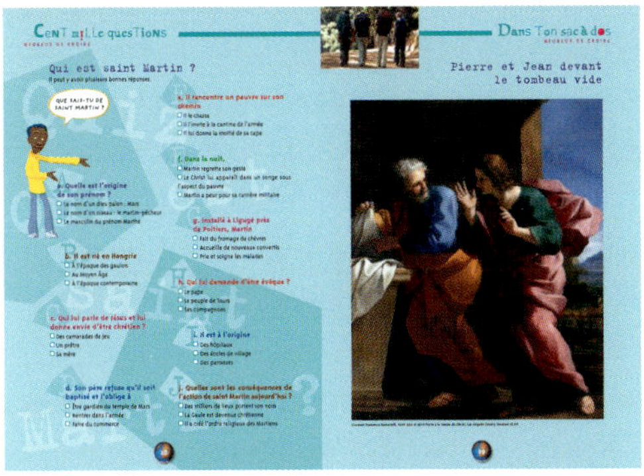

Deux rubriques pratiques qui répondent aux besoins pédagogiques du module. Elles permettent au jeune de garder une trace de ce qui a été partagé en équipe et qui pourra nourrir sa réflexion et sa foi personnelle.

En Bref aide à se souvenir de manière ludique de l'étape précédente. Ce temps est proposé en début de chaque nouvelle étape et est à vivre en équipe.

La mascotte Gabriel : Gabriel est la mascotte du livret jeune. Elle fait le lien entre les étapes.

Les outils

Pour le catéchiste

- Il dispose de différents outils pour mettre en œuvre un module :
- le ***Livre du catéchiste*** regroupant l'ensemble des modules proposés,
- le ***Supplément du catéchiste*** reprenant les informations nécessaires pour les jeux,
- un **CD de chants** par tranche d'âge,
- des **ressources complémentaires** pour le catéchiste sur le site **www.seldevie.fr**

Pour le jeune catéchisé

- Chaque module fait l'objet d'un **Livret** qui lui est propre.

Étapes	Textes bibliques	Témoins de la foi	Sacrement
1 - « Sur lui reposera l'esprit du Seigneur » **2** - « D'un seul cœur » **3** - « L'Église hier et aujourd'hui ! » **4** - « Un même Esprit, un même corps » **5** - « Recevez le Royaume »	**1** - Is 11,2-3 **2** - Ac 2,42-47 **3** - [Petite histoire de l'Église] **4** - 1 Co 12,12-27 **5** - Mt 25,34-40	Pier Giorgio Frassati	La confirmation
1 - « Pour vous qui suis-je ? » **2** - « Écoute ! » **3** - « Bâtir sur le roc » **4** - « Il vit et il crut » Temps fort : « Je crois » Avec des éléments pour la préparation à la profession de foi.	**1** - Mt 16,13-17 **2** - [À la découverte de la bible] **3** - Mt 7,24-27 **4** - Jn 20,1-10 Temps fort : [Je crois]	Martin de Tours	Le baptême

Introduction

Pour choisir un module (Tome 1 ou 3)

Visée du module

Heureux d'aimer

La visée de ce module est de découvrir que Dieu le premier nous aime et que cet amour est inconditionné. Dieu a un projet pour l'homme : il veut le bonheur de tous, il veut que tout homme puisse le découvrir pour être libéré du mal, du péché et recevoir sa vie.
Cependant, nous sommes créés libres d'accueillir et de refuser cet amour. L'existence est le jeu de cette liberté qui tantôt éloigne l'homme de son Créateur, tantôt le rapproche.
Ce projet de Dieu s'inscrit dans l'histoire des hommes. Avec Jésus Christ est révélé le projet de Dieu pour l'humanité tout entière. De l'élection du peuple d'Israël, aux témoins de la foi d'aujourd'hui, l'histoire des hommes est l'histoire de l'Alliance de Dieu avec son peuple. Son amour reçu et partagé nous fait prendre conscience de notre participation à cette histoire du salut.

Heureux d'espérer

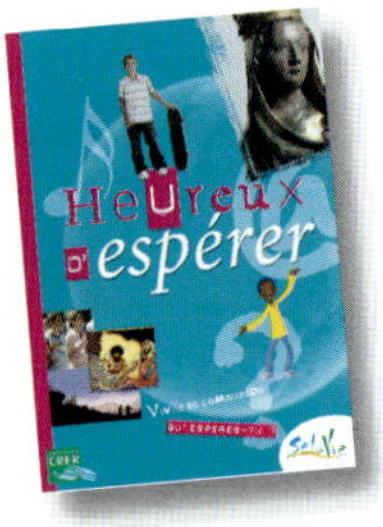

La visée de ce module est de découvrir que l'espérance chrétienne ouvre un chemin du bonheur. Don de Dieu, l'espérance est une ancre qui assure la solidité des liens avec le Christ mort et ressuscité, malgré les remous de la vie.
L'espérance est une attitude à faire grandir dans l'intelligence et dans le cœur des jeunes. Guidés par Marie, nourris par la vie de l'Église, l'espérance leur permettra de se tenir debout, de faire face au désespoir, de soutenir leur foi, et de prendre leur place dans ce monde.

Heureux de grandir

La visée de ce module est de permettre aux jeunes de découvrir qu'ils sont appelés, comme Jésus et avec lui, à grandir « en sagesse, en taille et en grâce, sous le regard de Dieu et des hommes » Lc 2,52. La vision chrétienne de l'homme ne sépare pas les trois dimensions physique, humaine et spirituelle. C'est par elles que Dieu vient rejoindre l'homme pour l'inviter à la conversion et faire de lui son témoin devant les hommes.
À travers des récits de conversion et d'appel, les jeunes pourront découvrir pour eux-mêmes le dessein d'amour du Père, comment il les accompagne sur ce chemin de croissance pour se tourner avec confiance vers l'avenir.

Heureux d'agir

La visée de ce module est de découvrir que Dieu crée l'homme à son image, libre et doué de raison ; il l'associe à son œuvre permanente de Création. Aussi l'homme est-il appelé à agir dans le monde pour le transformer au service du bien commun : être attentif aux problèmes de l'environnement, à la justice, à la répartition des richesses, au respect et à la dignité de chacun. Vivre en homme libre, c'est se laisser conduire par l'Esprit Saint et prendre part à la construction de ce monde que Dieu nous confie en gérance. C'est s'engager à être serviteur comme le Christ lui-même, proche des plus faibles et donné jusqu'au bout. Ce module invite les jeunes à vivre en citoyens responsables et en chrétiens actifs, heureux d'agir pour le bonheur de tous.

Étapes	Textes bibliques	Témoins de la foi	Sacrement
1 - « Cherchez ce qu'il y a de meilleur » 2 - « Je serai avec toi » 3 - « Je ne le connais pas » 4 - « N'ayez pas peur » 5 - « Heureux êtes-vous » Temps fort : « Va en paix »	1 - 1 Co 12,31-13,13 2 - Ex 3,1-22 3 - Lc 22,54-62 4 - Mt 14,22-33 5 - Mt 5,1-12 Temps fort : Mc 10,46-52	Mère Teresa	Le pardon
1 - « Je vous salue Marie » 2 - « Mes yeux ont vu ton salut » 3 - « Faites tout ce qu'il vous dira » 4 - « Voici ta mère » 5 - « Notre cœur n'était-il pas tout brûlant ? »	1 - Lc 1,26-38 2 - Lc 2,22-32 3 - Jn 2,1-12 4 - Jn 19,25-30 5 - Lc 24,13-35	Marie	L'eucharistie
1 - « Écoute, Israël » 2 - « Il grandissait » 3 - « Que cherchez-vous ? » 4 - « Crois au Seigneur Jésus »	1 - Dt 6,1-9 2 - Lc 2,41-52 3 - Jn 1,35-43 4 - Ac 16,22-34	Sœur Emmanuelle	Le mariage et l'ordre
1 - « Dieu créa l'homme à son image » 2 - « Ta justice marchera devant toi » 3 - « Comprenez-vous ce que je viens de faire ? » 4 - « Qui est mon prochain ? »	1 - Gn 1,26-31 2 - Is 58,6-8 3 - Jn 13,1-15 4 - Lc 10,25-37	Monseigneur Rodhain	L'onction des malades

Introduction

Cadre de référence

Les grandes étapes de l'histoire du salut

Qu'entendons-nous par salut ?

À l'origine du peuple d'Israël, il y a cette expérience fondamentale de l'Exode : avoir été sauvé de l'esclavage d'Égypte, avoir été conduit à travers le désert vers la Terre promise. Avec Moïse, au désert, les Hébreux ont reconnu la véritable identité de Dieu : il n'est pas comme les dieux païens, il accompagne son peuple, il l'aime, il le sauve de la détresse et du péché. Israël a découvert le désir de Dieu de le guider pour son bien : le chemin du bonheur passe par la mise en œuvre de la Parole de Dieu.

Dans son histoire, Israël a vécu l'expérience de salut à plusieurs reprises : l'entrée en Terre promise, l'Exil... Les Juifs confessent que c'est le Dieu d'Abraham, d'Isaac et de Jacob qui les a ainsi tirés du mal, des eaux de la mort, pour les faire entrer dans la vie.

Jésus de Nazareth met en lumière cette foi au Dieu Sauveur par toute sa vie. Le salut offert par Dieu ne protège ni de la souffrance, ni de la mort. Il ordonne tout au gain suprême de la vie donnée par Dieu. Ainsi, ce qui importe pour l'homme, c'est de demeurer dans ce lien avec son Créateur et Père, de se conformer à l'attitude de Jésus, le Fils unique et de se laisser transfigurer par l'Esprit de vérité.

Le salut, c'est la vie éternelle. « Ce que le Fils lui-même nous a promis, c'est la vie éternelle. » (1 Jn 2,25) « Or, la vie éternelle, c'est de te connaître, toi, le seul Dieu, le vrai Dieu, et de connaître celui que tu as envoyé, Jésus Christ. » (Jn 17,3) Il s'agit alors de permettre à la grâce de Dieu de faire son travail de rédemption en nous, d'entrer avec l'Esprit Saint dans le combat de Dieu contre le Mal. Réconciliés par le Christ, il s'agit de marcher en Église recevant les uns des autres, les uns avec les autres, la Parole de Dieu qui nous guide. Ainsi, nous travaillons à l'unité du genre humain, à la communion avec Dieu et à l'avènement du Royaume.

Avons-nous besoin de l'Ancien Testament si nous reconnaissons que le Sauveur est le Christ Jésus ?

Oui ! Nous ne pouvons comprendre le Christ sans recevoir le projet d'amour de Dieu pour l'humanité et l'histoire du peuple de l'Alliance. Jésus, de nombreuses fois, dans son enseignement, prend appui sur la révélation faite à Israël. Plénitude de cette révélation, Jésus la mène à son terme : en cela, il accomplit « la promesse faite à nos pères » (Lc 1,55). Nous ne pouvons accueillir cette révélation et cet accomplissement en Jésus si nous n'avons pas connaissance de ce long chemin de proximité de Dieu à l'égard du peuple élu, si nous ne faisons pas l'expérience de la fidélité de Dieu et de l'épreuve de notre infidélité, si nous ne nous reconnaissons pas dans ce peuple des croyants sauvés.

Toute la pédagogie de Dieu est de nous donner cette histoire d'Israël comme chemin d'accueil de sa grâce et de sa révélation. Elle nous conduit à Jésus Christ et nous fait reconnaître que nous sommes de cette humanité aimée de Dieu, lente à se convertir, promise à la vie.

Quel est le rôle de Jésus de Nazareth dans cette histoire du salut ?

Selon la foi chrétienne, Jésus a la première place dans l'histoire du salut. Il est l'unique médiateur entre Dieu et les hommes (*cf.* 1 Tm 2,5), le « médiateur d'une Alliance nouvelle » (He 9,15 ; 12,4.24). Étant le Fils unique de Dieu « devenu semblable aux hommes et reconnu comme un homme à son comportement » (Ph 2,7), il récapitule en lui toute l'histoire de la première Alliance et fonde sur l'offrande de sa vie, une « Alliance dont il est le médiateur est plus parfaite » (He 8,6), unique et définitive.

Par toute sa vie terrestre, Jésus ne cesse de révéler l'Amour créateur et rédempteur de Dieu son Père : il révèle l'homme à sa dignité, enseigne, guérit, pardonne, multiplie les pains, maîtrise la mer (symbole des forces obscures pour le monde juif). Il appelle, relève, donne sa confiance, envoie, *etc.*

Pourtant, Dieu ne sauve pas l'homme malgré lui. Jésus invite à, demande : « Si tu veux... ». Nul n'est sauvé indépendamment de sa participation au salut.
Ses actes sont signes aujourd'hui encore d'un salut déjà là parmi les hommes. Dépositaires de cette œuvre de salut du Christ en leur vie, les disciples reçoivent la mission d'y être associés, d'en être rendus participants. « Vous êtes donc chargés d'annoncer les merveilles de celui qui vous a appelés des ténèbres à son admirable lumière. » (1 P 2,9) « Allez donc ! De toutes les nations faites des disciples, baptisez-les au nom du Père, et du Fils, et du Saint Esprit ; et apprenez-leur à garder tous les commandements que je vous ai donnés. Et moi, je suis avec vous tous les jours jusqu'à la fin du monde. » (Mt 28,19-20)

Quelles sont les grandes étapes de l'histoire du salut ?

Les grandes étapes du salut s'orientent vers le Christ et s'ordonnent avec lui. Jésus est le nouvel Adam, le nouveau Moïse, le nouveau David, le nouvel Élie... Il est le Messie promis à Israël, venu le libérer. Il offre le salut à tous. « C'est lui, le Christ, qui est notre paix : des deux, Israël et les païens, il a fait un seul peuple. » (Ep 2,14)

Nous pouvons reconnaître les étapes de l'histoire du salut selon l'ordre de l'histoire biblique :

- À l'origine de l'humanité, la création, le péché d'Adam et Ève, Noé...
- Les Pères dans la foi : Abraham, modèle du croyant ; Isaac ; Jacob ; Joseph...
- L'Exode : la libération de la servitude avec Moïse et l'entrée en Terre promise avec Josué et les Juges.
- La royauté avec David et Salomon...
- Le temps des prophètes avec Osée, Amos, Isaïe (Is 1-39), Jonas...
- Le temps de l'Exil avec Isaïe (Is 40-65), Jérémie et Ezéchiel.
- Le retour d'Exil.
- L'avènement du Messie en Jésus.
- Le temps de l'Église.

Nous pouvons également les aborder selon les fondamentaux de la foi chrétienne :

- Le Mystère Pascal.
- L'Incarnation.
- La Création.
- L'Église.
- L'Alliance.
- La Trinité.
- La Révélation.
- La vie dans l'Esprit.

Ceci n'est pas exhaustif. Toute la vie du croyant permet d'entrer dans ce mystère du salut.

L'esprit des Béatitudes et l'histoire du salut ?

Le désir de bonheur

Ancré profondément dans le cœur de tout homme, ce désir n'aboutit pas forcément à l'accomplissement de la personne. Lorsque cette quête est confondue avec le désir de pouvoir, de satisfaction immédiate ou d'égocentrisme, la quête du bonheur conduit souvent au malheur. Alors, quel bonheur peut combler ce désir ?
« Les béatitudes répondent au désir naturel de bonheur. Ce désir est d'origine divine ; Dieu l'a mis dans le cœur de l'homme afin de l'attirer à lui qui seul peut le combler : [...] "Comment est-ce donc que je te cherche, Seigneur ? Puisqu'en te cherchant, mon Dieu, je cherche la vie heureuse, fais que je te cherche pour que vive mon âme, car mon corps vit de mon âme et mon âme vit de toi" (Saint Augustin, *Les confessions*, 10,29). » *Catéchisme de l'Église Catholique,* n° 1718.

Quel est le message des Béatitudes ?

Le projet du salut s'inscrit dans l'histoire d'un peuple, se heurte à ses contradictions, grandit avec son espérance, mais toujours conduit les hommes et les femmes à vouloir vivre en Dieu.
Les Béatitudes prononcées par Jésus dans le sermon sur la montagne (Mt 5,1-12) reprennent l'espérance du peuple d'Israël et annoncent le Royaume de Dieu. Jésus promet la vie que lui-même a vécue : proche du Père et traversée par la joie et la souffrance. Un bonheur fait de passages et de limites mais habité par

l'Espérance. Être heureux selon Jésus Christ, c'est vivre en se laissant transformer par la mort et la résurrection. « Les Béatitudes dépeignent le visage de Jésus Christ et en décrivent la charité ; elles expriment la vocation des fidèles associés à la gloire de sa passion et de sa Résurrection ; elles éclairent les attitudes caractéristiques de la vie chrétienne ; elles sont les promesses paradoxales qui soutiennent l'espérance dans les tribulations. » *Catéchisme de l'Église Catholique,* n° 1717.

La béatitude chrétienne : la vie éternelle

L'histoire du salut est une promesse pour chacun. Depuis la Création, elle est traversée par l'espérance en la vie éternelle. Elle est l'histoire de tout croyant. Elle rejoint tout homme qui se pose la question de son devenir et de son être. L'espérance chrétienne est habitée par le Christ, nourrie par son enseignement, guérie par ses actes, convertie par sa mort, vivifiée par sa résurrection. Cette espérance est une puissance de conversion et d'action enracinée dans la charité initiée par le Christ. Elle place le chrétien devant la nécessité de faire des choix de vie ou d'action, d'être guidé par la prière et ressourcé par la Parole de Dieu. L'espérance est l'ancre de l'âme (He 6,19). « Le Décalogue, le sermon sur la montagne et la catéchèse apostolique nous décrivent les chemins qui conduisent au Royaume des cieux. Nous nous y engageons pas à pas, par des actes quotidiens, soutenus par la grâce de l'Esprit Saint. Fécondés par la Parole du Christ, lentement nous portons des fruits dans l'Église pour la Gloire de Dieu » *Catéchisme de l'Église Catholique,* n° 1724.

Quelle organisation pour une année ?

Selon les projets diocésains, on pourra articuler les modules avec les propositions de catéchèse liées à l'année liturgique mais encore avec l'accompagnement vers les sacrements.
À titre d'exemple voici une proposition d'organisation sur une année :

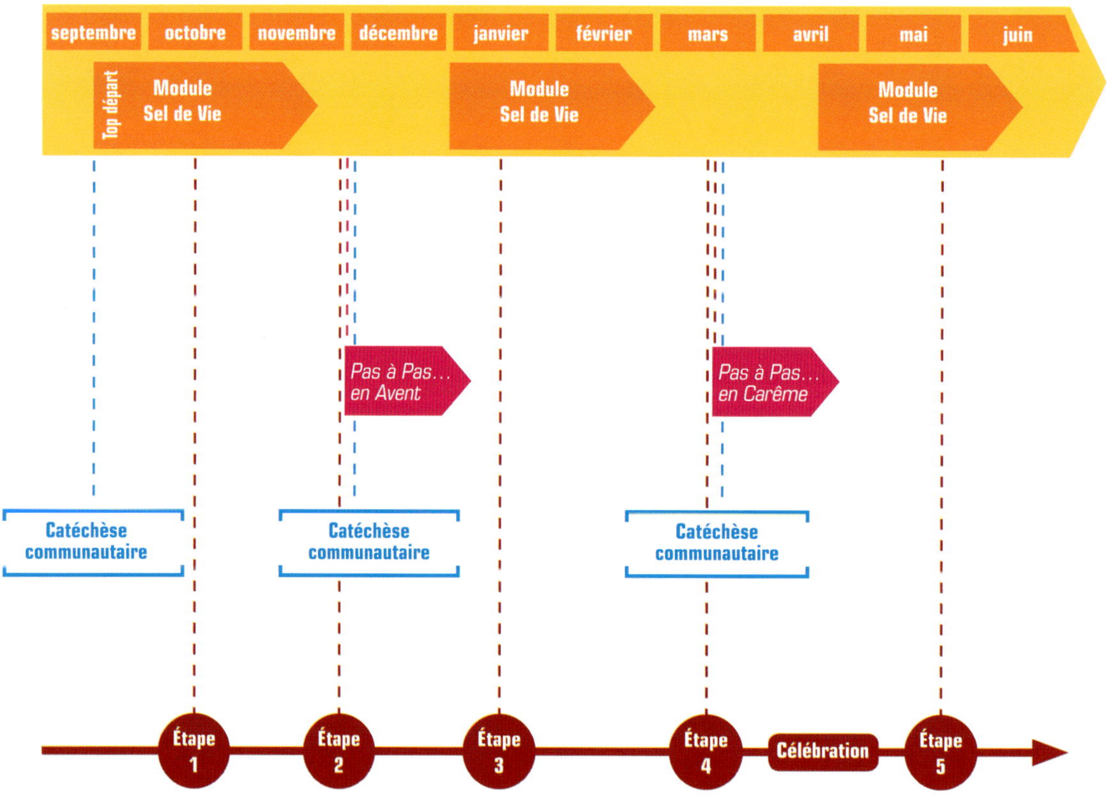

Top départ !

11-13 ans

Une rencontre en deux temps pour :

- Rejoindre la communauté chrétienne et vivre une célébration dominicale de rentrée pastorale.
- Vivre la rencontre catéchétique « Top départ ! » avant de commencer l'un des modules.

Cette rencontre peut être vécue soit en grand groupe lors d'un temps fort d'une demi-journée, soit lors de deux rencontres en petites équipes. (La proposition est à adapter en fonction du nombre de jeunes.)

Trois organisations possibles :

- Le dimanche : la célébration du dimanche matin suivie d'un pique-nique avec la communauté chrétienne, puis la rencontre « Top départ ! ».
- Le samedi après-midi : la rencontre « Top départ ! » suivie d'un goûter avec les familles puis la célébration avec la communauté chrétienne le samedi soir.
- L'une des célébrations du week-end et la rencontre « Top départ ! » vécue en équipes dans la semaine qui suit.

Top départ !

Objectifs

- Démarrer l'année et faire connaissance
- Dresser le portrait de Jésus
- Comprendre le rôle de l'Église pour transmettre la foi

Célébration avec la communauté chrétienne

Voici quelques suggestions pour la célébration. Ne choisir que l'une d'entre elles pour ne pas l'alourdir :

- **Pour le temps de l'accueil** : une procession d'entrée avec les jeunes, les catéchistes et les acteurs pastoraux.
- **Pour le temps de la Parole** : remettre la bible aux jeunes et aux catéchistes. (Ce peut être un prêt pour l'année). Ou après les lectures et l'homélie, donner une feuille à chacun et proposer un temps personnel avec une question autour des textes du jour. Rassembler ces feuilles (on peut leur donner la forme de feuilles et les rassembler en formant un arbre) pour qu'elles puissent être vues et lues par tous à la sortie de la messe.
- **Pour le temps de l'envoi** : une bénédiction solennelle des catéchistes, des équipes et des différents acteurs pastoraux (*cf. Livre des bénédictions*, Chalet-Tardy, 1995, p. 102 : Prière commune n° 369 et prière de bénédiction n° 370).

Prévoir un temps convivial après la célébration.

Temps de lancement en grand groupe

Matériel

- Une carte de la paroisse ou du doyenné
- Autant de post-it® ou de « pique-drapeau » que de jeunes et de catéchistes

Chants

- Le bonheur d'être ensemble, n° 3
- Amis dans le Seigneur, n° 1
- Je vous salue Marie, n° 5

Déroulement

- Accueil des jeunes et des catéchistes par un animateur et lancement du jeu « Tip, Tap » pour faire connaissance.

Règle du jeu

L'objectif de ce jeu est de se rappeler le prénom de ses voisins.

Les joueurs forment un cercle. Le meneur est au milieu et il interroge au hasard une personne du cercle en lui disant « Tip », « Tap » ou « Tip-Tap ».

S'il dit « Tip », la personne doit prononcer le prénom de son voisin de droite.

S'il dit « Tap », la personne doit prononcer le prénom de son voisin de gauche.

Si le joueur se trompe, il vient au milieu du cercle et devient le meneur.

Quand le meneur dit « Tip-Tap », toutes les personnes changent de place dans le cercle.

Variante : si les jeunes se connaissent on peut complexifier le jeu en disant par exemple :

Tip-Tip : on doit nommer le second voisin de droite,

Tap-Tap : on doit nommer le premier garçon vers la gauche.

• Chaque jeune vient coller un post-it® (ou un « pique-drapeau ») avec son nom sur la carte de la paroisse ou du doyenné.
• Confier cette journée à Marie en chantant « Je vous salue Marie ».
• Envoyer les équipes vers les ateliers : regrouper les jeunes par équipe de catéchèse telles qu'elles seront pendant l'année. On peut regrouper plusieurs équipes dans un atelier. Pendant qu'un groupe vit l'atelier « Qui est Jésus ? », un autre groupe vit l'atelier « En Église », et inversement pour le suivant. Chaque atelier dure environ une heure.

Atelier : Qui est Jésus ?

Objectif

• Faire connaissance avec Jésus

Matériel

• Des livres sur la vie de Jésus
• Sur www.seldevie.fr :
- Les textes Lc 2,1-21, Mt 2,1 et Mt 2,11
- La représentation de la Nativité par Filippo Lippi
- La carte de la Palestine
- Le jeu des « Mots-mêlés »
- Le jeu « Les noms codés des apôtres »
- Les rébus
- Les étiquettes des lieux
- La liste des actions de Jésus et le tableau à remplir
- Le chemin de croix
- La carte du profil de Jésus

Déroulement

1er pas

• Constituer des équipes de deux à quatre jeunes. Chaque équipe reçoit une ou deux enquêtes à mener (en fonction du nombre de jeunes) avec les documents correspondant à l'enquête et répond à la question qui lui est posée.
• À la fin de l'enquête, mettre en commun en écrivant ensemble le profil de Jésus.

Enquête sur la naissance de Jésus

• Racontez sous la forme souhaitée (panneau, rébus, sketch, quiz, *etc.*) la naissance de Jésus (le contexte historique, le lieu de naissance, nom du père, de la mère, les circonstances de la naissance, le nom des visiteurs lors de la naissance, les cadeaux, *etc.*) à partir des livres dont vous disposez ou des textes Lc 2,1-21, Mt 2,1 et Mt 2,11, la représentation de la Nativité par Filippo Lippi, la carte de la Palestine et le jeu des « Mots-mêlés » (*cf.* www.seldevie.fr).

Enquête sur les amis et les relations de Jésus

• Citez le nom des disciples de Jésus (*cf.* Jeu « Les noms codés des apôtres »).
Pierre, André, Jacques le majeur, Jean, Philippe, Barthélémy, Thomas, Matthieu, Jacques, Jude, Simon, Matthias
• Nommez trois femmes que Jésus connaît (*cf.* Rébus).
Marthe et Marie, Marie-Madeleine
• Citez le nom de celui qui a aidé Jésus lors de sa Passion.
Simon de Cyrène

Enquête sur le pays et les voyages de Jésus

• Constituez des équipes de trois à cinq joueurs. Faites une pioche avec les étiquettes des lieux suivants : Tibériade, Bethléem, Capharnaüm, Jéricho, le Jourdain, la Galilée, la Judée, la Samarie, Nazareth, Jérusalem.
(*cf.* www.seldevie.fr)
• Un jeune en tire une et doit la faire deviner aux autres par le jeu du pendu.
• Celui qui a l'étiquette est celui qui écrit et trace le pendu. Les autres proposent des lettres. Lorsqu'une lettre est présente dans le

mot, on l'écrit, lorsqu'elle n'y est pas, on trace un élément de la potence puis du pendu.

- Celui qui gagne tire une étiquette et la fait deviner aux autres.
- Lorsque les noms sont découverts, les surligner sur la carte de la Palestine.

Enquête sur les actes de Jésus

- Voici des actions de Jésus (*cf.* www.seldevie.fr). Si vous ne les connaissez pas vous pouvez découvrir le texte dans l'évangile à partir des références.
- Classez-les ensuite dans le tableau pour reconnaître quand Jésus guérit, fait des miracles, prend la défense de quelqu'un ou prie.

Enquête sur la mort et la résurrection

- Associez les légendes aux images et remettez le chemin de croix dans l'ordre (*cf.* www.seldevie.fr).
- Dessinez la scène manquante et donnez un titre (La résurrection).

2e pas

- Chaque équipe de jeunes présente ses recherches selon les documents et sous la forme choisie.
- Faire ensemble le profil de Jésus. (*cf.* www.seldevie.fr)
- Regarder le micro-trottoir « Qui est le Christ ? » (*cf.* www.seldevie.fr). Demander aux jeunes comment ils répondraient eux aussi à cette question.
- Conclure en disant que cette question va guider toute l'année de catéchèse.

Atelier : En Église

Objectifs

- Découvrir l'Église qui transmet la foi
- Retenir le kérygme

Matériel

- Écrire le kérygme sur une feuille A3 (*cf.* www.seldevie.fr)
- Les cartes « Témoin » pour la frise (*cf.* www.seldevie.fr)
- 22 feuilles A4 pour écrire chaque siècle depuis le 1er jusqu'au 21e siècle et « Aujourd'hui »

Chant

- Amis dans le Seigneur, n° 1

Déroulement

1er pas

- Le catéchiste lit le kérygme :

« Lui, le Chef des vivants, vous l'avez tué ; mais Dieu l'a ressuscité d'entre les morts, nous en sommes témoins. [...] Convertissez-vous donc et revenez à Dieu pour que vos péchés soient effacés. » (Ac 3,15,19)

- Dire que ce petit texte était une annonce faite par les premiers chrétiens aux incroyants : cette annonce est un résumé de la foi chrétienne. C'est le premier *Credo*. Pierre est le premier à proclamer le kérygme. Il a été choisi et envoyé par Jésus pour bâtir l'Église. L'Église est une famille dans laquelle on se transmet cet héritage de personne à personne. Voici quelques témoins, saints ou bienheureux, dont la vie a été bouleversée par la Bonne Nouvelle de Jésus Christ.
- Disposer au sol ou sur un mur les feuilles A4 pour chaque siècle depuis le premier siècle jusqu'à « Aujourd'hui ». Chaque jeune tire une carte « Témoin » et vient se positionner sur la frise, devant le siècle correspondant à son témoin. Le catéchiste remet le kérygme au premier jeune. Le jeune lit alors la phrase de sa carte « Témoin », reste à sa place et remet le kérygme au suivant.

2e pas

• Lorsque tous les jeunes ont pris place sur la frise, les inviter à poser leur carte et à venir se positionner à la suite des témoins sur le repère « Aujourd'hui ». Le catéchiste conclut en disant : « Et vous tous, à la suite du Christ mort et ressuscité, vous êtes appelés à être témoins ». Chaque jeune dit son nom.

Il est possible de rajouter quelques cartes avec des saints de la région, et garder cette frise pendant l'année.

• À la suite des premiers chrétiens nous pouvons à notre tour proclamer le kérygme que l'Église a transmis depuis sa fondation. Le dire ensemble.

• Reprendre le chant « Amis dans le Seigneur ».

Pour finir : en grand groupe

• Se rassembler.

• Apporter le profil de Jésus et les cartes « Témoin » et reconstituer la frise des témoins de la foi.

• Tracer le signe de croix.

• Chanter « Le bonheur d'être ensemble ».

• Envoyer les équipes pour l'année et remettre les livrets jeunes du premier module.

• Proclamer ensemble le kérygme.

• Dire le *Notre Père*.

• Chanter « Amis dans le Seigneur ».

• Tracer le signe de croix.

Heureux de vivre

11-13 ans

Visée du module

La visée de ce module est de permettre aux jeunes de découvrir que l'Église est née du don de l'Esprit Saint. Elle est le lieu privilégié pour vivre à la suite du Christ.
Vivre en chrétien, c'est être rassemblé par Dieu, et envoyé dans le monde : l'Église est le Peuple de Dieu.
C'est vivre des sacrements et se reconnaître membres de l'Église : elle est le Corps du Christ.
C'est prendre conscience que l'Esprit habite et anime l'Église : elle est le Temple de l'Esprit.

« Le mot "Église" signifie "convocation". Il désigne l'assemblée de ceux que la Parole de Dieu convoque pour former le Peuple de Dieu et qui, nourris du Corps du Christ, deviennent eux-mêmes Corps du Christ. »
Catéchisme de l'Église Catholique n° 777

« L'Église est dans ce monde-ci le sacrement du salut, le signe et l'instrument de la communion de Dieu et des hommes. »
Catéchisme de l'Église Catholique n° 780

Itinéraire

Étape 1 : « Sur lui reposera l'esprit du Seigneur »
Étape 2 : « D'un seul cœur »
Étape 3 : « L'Église, hier et aujourd'hui ! »
Étape 4 : « Un même Esprit, un même corps »
Étape 5 : « Recevez le Royaume »

Rencontre entre catéchistes

Objectifs

- Découvrir l'appartenance de chacun au peuple de Dieu
- Réaliser que la mission du catéchiste est confiée par l'Église et s'inscrit dans une tradition
- Vivre le dialogue contemplatif à partir d'un texte de la première lettre aux Corinthiens

Déroulement

Temps d'accueil

- Regarder le DVD « D'où vers où ? » : « L'Église », Production : Mediel ; Studio : Louvranges et Broadcast, 2006 (www.mediel.net) ; ou lire les témoignages (*cf.* Annexe).
- Réfléchir ensemble au contenu du DVD à partir des questions suivantes :
  - Qu'est-ce qui est dit de l'Église ?
  - Quelles images sont utilisées pour parler de l'Église ?
  - Relever les sacrements évoqués. Quelle est leur place dans l'Église ?
  - Vous reconnaissez-vous dans cette présentation de l'Église ?

Temps d'échange en petits groupes

- Lire dans le livre du catéchiste pp. 8-9 le paragraphe « Les fondements » de la collection « Sel de Vie ».
- Questions et réactions suite à cette lecture en grand groupe ou petites équipes en fonction du nombre :
  - Que représente pour vous votre mission de catéchiste ?
  - Et pour l'Église qui vous la confie ?

Temps de dialogue contemplatif à partir de 1 Co 12,12-27

- S'installer dans un oratoire ou aménager les lieux pour un temps de prière.
- Présenter la démarche du dialogue contemplatif au groupe : cette forme de prière est un partage d'évangile prié, non pas une discussion autour d'un texte. Il nécessite une qualité d'écoute :
  - Écoute de la Parole de Dieu.
  - Écoute du retentissement de cette Parole en soi.
  - Écoute de ce que les autres vont en partager.
- Tracer le signe de croix.
- Lire lentement le texte 1 Co 12,12-27, sans que les personnes ne l'aient sous les yeux.
- S'aider du repère de l'étape 4 pp. 46-48 pour faire une brève présentation du texte.
- Temps de silence : l'animateur donne le texte à chacun. Prendre trois minutes de silence pendant lesquelles chacun s'imprègne du texte. S'arrêter sur les expressions et les images utilisées ; les paroles prononcées. Prendre le temps de « goûter » le texte.

- Proposer de répondre par écrit aux deux questions suivantes :
  - Qu'est-ce qui vous étonne, vous touche aujourd'hui dans ce passage de l'Écriture ?
  - Pourquoi ?
- Introduire un premier temps de partage : « Chacun est invité maintenant à s'exprimer brièvement à partir de la question posée. Le groupe écoute mais ne commente pas l'intervention de chacun. »
- Après l'expression de chacun, suggérer de noter ce que les personnes souhaitent retenir de ce partage.
- Lire le texte une seconde fois (par un autre membre du groupe).
- Prendre trois minutes de prière silencieuse personnelle.
- L'animateur introduit ensuite un temps de prière partagée : « Après ce temps de silence, ceux qui le souhaitent peuvent partager avec les autres une prière née de cette contemplation commune : louange, intercession, supplication selon ce que l'Esprit inspire à chacun. »
- L'animateur termine soit par sa propre prière, soit en rassemblant l'essentiel de l'expression du groupe.
- Dire ensemble le *Notre Père*.
- Chanter « L'Esprit Saint qui nous est donné », livret jeune p. 27.
- Tracer le signe de croix.

Annexe

Témoignages sur l'Église

Extraits retranscrits des témoignages de Guy Gilbert, Tim Guénard, Frère Roger, Cardinal Daneels, ainsi que de quelques jeunes. Extrait du DVD « D'où vers où ? » : « L'Église », Production : Mediel ; Studio : Louvranges et Broadcast, 2006.

Guy Gilbert

« L'Église est un ramassis de pauvres types, mais un ramassis de futurs saints puisque nous tous sommes appelés à la sainteté. »

« Arrête de taper sur l'Église, lutte à l'intérieur de l'Église pour donner toi-même le visage de l'amour, de la miséricorde, du partage, du sens du plus faible. Aime parce que c'est le cœur de notre religion. Si tu veux vraiment vivre dans l'Église, partage avec tes frères chrétiens catholiques d'abord, puis va à l'universalité des choses et des gens. Rencontre toutes les cultures, les religions mais travaille ta foi pour ne pas faire un mélange de tout, pour que le Christ soit au cœur de ta vie par l'amour. Et prie parce que si tu ne prends pas le temps chaque jour de silence, alors je ne crois pas que tu pourras devenir un croyant convaincu. Pour dire : « je donne ça à Dieu », pour donner un petit bout de ta journée. Chaque jour, alors Dieu te donnera la force de lutter, d'aimer parce que Dieu a besoin qu'on lui dise qu'on l'aime. »

« Nous n'avons pas à adapter l'eucharistie aux jeunes de ce temps. L'eucharistie fait l'unité de l'Église, c'est la source de l'Église, et sa totalité. Elle doit cibler le message, s'il ne passe pas dans l'eucharistie, alors nous manquerons l'essentiel : c'est le plus grand des sacrements. »

« Le Christ annonçait son Père ; il annonçait un royaume de l'amour que nous devons bâtir sur terre avant d'accéder au Royaume de l'éternité. »

« À partir du moment où tu vis les Paroles de pardon du Christ, et si tu es un être de miséricorde, alors tout est possible. On ne résiste pas devant quelqu'un qui pardonnera jusqu'au bout ou qui demandera pardon, c'est irrésistible. C'est une des plus grandes forces du chrétien. »

« L'évêque a une place prioritaire dans l'Église, c'est le Père d'un diocèse, celui qui doit donner une parole plus forte, plus vraie, plus radicale, plus directe. »

Rencontre entre catéchistes

Tim Guénard

« L'Église est rassurante, car elle nous ressemble. Elle est de bric et de broc mais elle est de bonne volonté. Elle est menée par des hommes qui aiment Dieu, mais qui parfois ne s'aiment pas assez.

Tout le monde a le droit d'être dans l'Église ! Les pécheurs se savent aimés et n'ont pas honte d'avoir des doutes, des peurs... Les gens les plus tordus ont le droit d'y être comme le bon larron ! Comme moi ! Quand quelqu'un me dit « Je suis tordu » je lui réponds : « Ce n'est pas grave ! » Souvent les gens sont méchants envers eux-mêmes.

Si on devait déraciner toutes les vignes de la terre, il n'y aurait plus de vin. Quand le Christ a proposé le sang du Christ, il a cherché le fruit de l'arbre le plus tordu. Mais quand on est tordu il faut un tuteur, sinon on va tomber à droite, à gauche... C'est pour cela que j'ai choisi un tuteur qui ne pourrira jamais : le Christ. »

« J'aime les non-croyants qui te posent des questions auxquelles tu n'as aucune réponse. Grâce à eux, tu as le droit de rechercher et tu n'as pas le droit de t'endormir. S'ils deviennent chrétiens ou croyants, c'est un magnifique cadeau ! Ça veut dire que tout le monde n'arrive pas en même temps... »

Frère Roger

« Comment être au milieu des autres porteurs de confiance, ouvrir des sources de confiance ? Là où je suis placé et dans l'avenir incertain où nous sommes, il est essentiel qu'ensemble nous avancions vers ces sources de confiance. Être proche de tous, de la famille humaine, des incroyants, de ceux qui sont loin de la foi. »

Cardinal Daneels

« L'Église est une truite dans un ruisseau. La truite va toujours à contre-courant. Elle saute toujours, elle est infatigable, seulement elle s'appuie sur l'eau. Ça veut dire que l'Église doit s'appuyer sur les valeurs humaines, philosophiques, culturelles. Mais chaque fois, elle doit lever la tête pour remonter le courant jusqu'à la source qui est Dieu. C'est une Église qui doit avoir une certaine force dans les reins. »

Paroles de jeunes

« L'Église défend un message d'amour, de partage, on ne connaît plus beaucoup ça aujourd'hui, on est en tension entre un idéal et une réalité. »

« Jésus dit : "Je te pardonne tes péchés", c'est une guérison axée sur nos faiblesses, nos défauts, nos propres peurs. Lorsque quelqu'un ose pardonner à une autre personne, cela guérit la personne quelque part, en dehors de toute maladie physique. »

« Manger, c'est être ensemble. Être ensemble, c'est vraiment le secret de l'Église. »

« J'ai pu faire la rencontre du Seigneur grâce à l'Église, par une retraite. »

« Oser ouvrir les églises, oser prier avec les jeunes, les accueillir, ils ont besoin de quelque chose de fort, de concret : montrer ouvertement l'amour de Dieu. »

« C'est très important de témoigner de ce que l'on vit, de ce que l'on ressent, de nos attentes, de nos besoins. N'ayons pas peur d'interpeller l'Église, de nous interpeller les uns les autres sur ce que l'on peut vivre en Église. »

« J'ai fait tout un cheminement intérieur pour pardonner à l'Église. J'étais tenté de tout envoyer balader mais c'est à travers le pardon que j'ai donné à l'Église, que j'ai grandi dans l'amour de l'Église. J'ai découvert que c'est une grande famille qui peut me faire grandir. C'est impossible de vivre sa foi tout seul, on est obligé d'être ancré dans l'Église. »

« Ce n'est vraiment pas pour rien si Jésus a choisi le mont des Béatitudes, lieu d'une paix et d'une beauté immense, pour donner aux disciples le programme de bonheur. Les Béatitudes, c'est le lien entre le monde des pécheurs dans tous les sens du terme et le royaume de Dieu. Jésus est ce lien. Il nous invite à vivre le royaume de Dieu au jour le jour. »

Rencontre avec les parents

Objectifs

- Permettre aux parents de s'exprimer sur leur représentation de l'Église
- Approfondir le sens de l'Église

Matériel

- Le DVD « D'où vers où ? » : « L'Église », Production : Mediel ; Studio : Louvranges et Broadcast, 2006 (www.mediel.net)
- Un panneau

Chant

- Vent qui renouvelle, n° 10

Déroulement

Temps d'accueil

- Installer les tables en cabaret (technique d'animation consistant à répartir les participants en plusieurs tablées pour former des petits groupes orientés vers une même direction).
- Accueillir les parents personnellement (on peut proposer des jus de fruit, petits gâteaux...).

Temps de prière

- Chanter « Vent qui renouvelle ».
- Dire la prière (*cf.* annexe). On peut mettre un fond musical, la lire lentement en faisant des pauses entre les strophes.
- Lire le texte 1 Co 12,12-27.
- Reprendre le refrain de « Vent qui renouvelle ».

Temps de l'écoute et de l'échange

- Chacun exprime trois mots qui évoquent pour lui l'Église :
  - Pour vous qu'est-ce que l'Église ?
  - Quelle représentation de l'Église avez-vous ?
- L'animateur note les mots sur un panneau puis demande à chacun d'exprimer les raisons de ce choix sans rentrer dans le débat.
- Regarder le DVD « D'où vers où ? » : « L'Église » ; ou lire les témoignages de l'annexe pp. 29-30. (Chaque tablée lit un témoignage différent.)
- En regardant le DVD ou en lisant les témoignages, relever une ou des expressions qui vous aident à mieux comprendre l'Église et son message.

Pour découvrir « Heureux de vivre »

- À partir du livret jeune, attirer l'attention des parents sur le fonctionnement par rubrique, le rôle de la mascotte. S'aider pour cela des pp. 12-13 prévues à cet effet dans l'introduction.
- Puis, présenter l'itinéraire parcouru avec les jeunes avec les pages « En route ! » ; susciter la réaction des parents à partir des titres des étapes.
- Proposer aux parents de feuilleter régulièrement le livret avec le jeune en s'appuyant sur les pages « Qu'est-ce que tu dis ? » pour susciter un dialogue en famille, « Carnet de visite » pour découvrir un témoin. Attirer l'attention sur les dons de l'Esprit Saint avec les pages « À la loupe ».

Annexe

Viens Esprit Saint !

Viens, Esprit Saint,
du ciel fais jaillir l'éclat de ta splendeur.

Viens, Père des pauvres ;
viens Esprit généreux ;
viens, lumière des cœurs.
Du ciel fais jaillir l'éclat de ta splendeur.

Toi le parfait Consolateur,
merveilleuse fraîcheur,
dans notre âme, tu fais habiter la paix ;
dans la peine, tu es le repos ;
dans l'épreuve, la force ;
dans la tristesse, la consolation.
Du ciel fais jaillir l'éclat de ta splendeur.

Lumière bienfaisante,
pénètre l'intimité de nos cœurs,
car nous te sommes fidèles ;
sans ta présence, dans l'homme il n'y a rien,
rien qui soit pur.
Du ciel fais jaillir l'éclat de ta splendeur.

Avec notre péché,
abreuve notre sécheresse,
guéris notre blessure ;
fléchis notre rigidité,
enflamme notre tiédeur,
redresse notre égarement.
Du ciel fais jaillir l'éclat de ta splendeur.

À ceux qui se confient en toi
et te reçoivent dans la foi,
accorde tous tes dons ;
donne-leur de grandir en toi,
de persévérer dans le salut,
donne-leur la joie qui demeure.
Alléluia !

Veni sancte spiritus, 13e siècle, *Prières glanées par Enzo Bianchi*, Éditions Fidélité, Namur-Paris, 2006, pp. 6-7.

Étape 1
« Sur lui reposera l'esprit du Seigneur »

Le texte biblique

Les dons de l'Esprit [Is 11,2-3]

[2] *Sur lui reposera l'esprit du Seigneur : esprit de sagesse et de discernement, esprit de conseil et de force, esprit de connaissance et de crainte du Seigneur,*

[3] *qui lui inspirera la crainte du Seigneur. Il ne jugera pas d'après les apparences, il ne tranchera pas d'après ce qu'il entend dire.*

Quelques repères pour les catéchistes

Pour lire le texte

L'auteur et le genre du texte

Ce texte, situé dans l'Ancien Testament, fait partie des livres prophétiques.
Son auteur, Isaïe (ou Esaïe), est prophète auprès du roi du Royaume de Juda, au 8e siècle avant Jésus Christ.

Qu'est-ce qu'un prophète ?

Ce n'est pas « quelqu'un qui annonce l'avenir ». Le prophète parle au nom de Dieu pour les hommes de son temps. Il reçoit sa mission de Dieu. Il garde en son cœur l'action de Dieu dans le passé ; il en comprend la signification pour le temps qu'il vit. Il croit à la fidélité de Dieu à son Alliance et à sa promesse. À la lumière de cette promesse et de l'histoire de Dieu avec son peuple, il donne le vrai sens au présent. Il invite le peuple à la foi et à vivre dans la fidélité à l'Alliance.

Comprendre le contexte historique du texte

Le texte proposé aux jeunes est extrait d'un texte plus long (Is 11,1-10) annonçant un Roi qui, gouvernant selon l'Esprit du Seigneur, viendra établir un Royaume de paix.

Pour comprendre le texte, il faut le replacer dans son contexte historique. L'époque est mouvementée et tendue ! Le Royaume d'Israël, fondé par le roi David (fils de Jessé) est divisé en deux : le Royaume d'Israël, au nord, avec pour capitale Samarie, et le Royaume de Juda, au sud, avec pour capitale Jérusalem. Ces deux royaumes s'affrontent et subissent la pression politique et guerrière des peuples voisins.
Les Royaumes d'Israël, puis de Juda, finissent par disparaître…

Isaïe, s'appuie sur la promesse que le Seigneur a faite au roi David concernant sa descendance (« Je rendrai stable pour toujours son trône royal. Je serai pour lui un père, il sera pour moi un fils. […] Ta maison et ta royauté subsisteront toujours devant moi, ton trône sera stable pour toujours. » 2 S 7,13-16), il garde foi et espérance, et invite le peuple à croire en la promesse de Dieu de protéger la maison de David. Le prophète Isaïe annonce un nouveau roi qui viendra au secours de son peuple… Sur lui reposera l'Esprit de Dieu, donné par Dieu pour faire face à cette crise insurmontable à vue humaine…

La Tradition a vu dans ce texte, l'annonce du Messie, de Jésus Christ, venant apporter le Salut : il est « rempli de l'Esprit Saint » Lc 4,1 ; « Sur lui repose l'Esprit » Jn 1,32.

Les dons de l'Esprit de Dieu

L'Esprit apporte avec lui toutes les qualités nécessaires au Roi pour faire triompher la justice et la paix : « esprit de sagesse et d'intelligence, esprit de conseil et de force, esprit de science et de crainte du Seigneur ». Pour signifier la plénitude, on ajoutera un 7e don, la « piété », le chiffre 7 étant dans la bible le chiffre de la totalité. La prière prononcée par l'évêque sur le confirmand lors de la confirmation reprend cette liste et affirme qu'ils étaient présents en la personne de Jésus.

Étape 1
« Sur lui reposera l'esprit du Seigneur »

Comment en parler avec les jeunes ?

Le personnage central du texte est bien évidemment l'Esprit de Dieu. Mais qui est-il vraiment ?

L'Esprit Saint est Dieu. Ce n'est pas un esprit quelconque, une énergie, un envoyé de Dieu… Il est Dieu.

L'Esprit Saint est une personne divine. Dieu est Trinité : un seul Dieu en trois personnes : Père, Fils et Saint Esprit.

L'Esprit Saint est l'Amour, il est relation. Au cœur même de Dieu, il y a l'Amour, et cet Amour, c'est l'Esprit Saint… L'Esprit Saint est l'Amour que le Père a pour le Fils et que le Fils a pour le Père. C'est lui qui nous permet de rentrer en relation avec Dieu, de nous aimer les uns les autres à la manière de Jésus.

Le cadeau !

L'Esprit Saint dépose en nous ses dons pour nous aider à vivre et à agir en chrétien dans le monde. La liste des dons trouve son origine dans l'Écriture et notamment au livre d'Isaïe (Is 11,2). Il ne s'agit pas de plusieurs esprits. L'Esprit de Dieu est un. Mais la Tradition, à la lecture du texte d'Isaïe, lui reconnaît sept façons d'agir. Enfin, il ne s'agit pas non plus d'enfermer l'Esprit de Dieu uniquement dans ces sept dons. Son action dépasse infiniment ce que nous pouvons lui reconnaître.

Sur la définition de chacun des dons voir pp. 18-19 du livret jeune.

Parmi les qualificatifs de l'Esprit Saint, le mot « crainte » peut-être mal compris. Dans la bible, la crainte, n'est pas la peur. C'est le respect et le sentiment de la distance que nous éprouvons à l'égard de Celui qui est infiniment au-delà de nous : Dieu seul est Dieu, Dieu seul est Saint, Dieu seul est Créateur. Ce don nous donne le sens de la grandeur de Dieu. Avec ce don, nous réalisons combien face à l'Amour infini que Dieu nous porte, nous n'aimons pas assez. Il nous pousse à éviter le péché et à avancer sur le chemin de la conversion. Pour éviter des confusions, on parle plus souvent d'Esprit d'adoration.

L'Esprit Saint est donné pour répondre à une mission. Dans le texte, l'Esprit est donné au Roi pour qu'il établisse un royaume de justice et de paix.

Les dons sont des aides que Dieu nous donne pour répondre joyeusement, comme le Roi dont il est question dans le texte, à notre vocation de baptisé, de catéchiste. En fait ce sont des cadeaux de Dieu : par exemple, la force dans la faiblesse, le conseil dans nos hésitations…

Nous avons juste à les demander avec confiance quand nous en avons besoin pour notre mission. Demander n'est pas réclamer… mais juste ouvrir son cœur pour recevoir ! Demander, c'est croire en Dieu qui nous à promis de nous envoyer l'Esprit Saint. Plus nous demandons, plus nous sommes ouverts à son action.

Un hôte bien discret

Au baptême, nous avons reçu l'Esprit Saint avec tous ses dons. Il repose en nous comme chez le roi dont parle le texte. Il est là ! Mais en grandissant, tout ce qui repose en nous a besoin de grandir aussi et de se déployer pour habiter tout ce que nous sommes et tout ce que nous faisons. C'est ce que vient faire le sacrement de la confirmation en nous.

L'Esprit Saint est là, mais jamais il ne va à l'encontre de notre liberté. Si nous le laissons faire, l'Esprit Saint nous transformera à l'image du Christ et pourra même se laisser démasquer, notamment par la joie, la paix, la bonté, par tous ses fruits en nous comme le signale saint Paul en Ga 5,22-23, *etc.* Voyez Pier Giorgio Frassati…

Enjeu de l'étape 1 « Sur lui reposera l'esprit du Seigneur »

À la fin de cette étape les jeunes auront découvert qu'être chrétien, c'est accueillir les dons de l'Esprit Saint et en vivre. C'est se laisser transformer pour donner. À travers le témoignage de Pier Giorgio Frassati, ils découvriront que la vie chrétienne est joie

Objectifs

- Apprendre à se rendre disponible à l'action de l'Esprit Saint
- Nommer les dons de l'Esprit
- Découvrir l'action de l'Esprit Saint dans la vie de Pier Giorgio Frassati

Matériel

- Une bible
- Le livret jeune
- Une icône, une bougie
- Les cartes « Comme un feu » (*cf.* www.seldevie.fr)
- Le jeu « Les dons de l'Esprit Saint » (*cf.* Supplément du catéchiste)

Chants

- Vent qui renouvelle, n° 10
- L'Esprit Saint qui nous est donné, n° 12

Déroulement

1er pas

- Tracer le signe de croix.
- Chanter « L'Esprit Saint qui nous est donné », livret jeune p. 27.
- Lire le texte d'Is 11,2 p. 20 du livret jeune.
- Donner à chaque jeune une carte « Comme un feu ».
- Laisser un temps de silence et lire la prière sur la carte reçue. Reprendre le refrain entre chaque prière.
- Chaque jeune garde sa carte (elle sera collée en fin d'étape dans le livret pp. 22-23 « Ta boussole »).

2e pas

- Chaque jeune dit le don de l'Esprit écrit sur sa carte « Comme un feu ». S'aider du livret jeune pp. 18-19.
- Relire le texte d'Isaïe. Se demander qui est celui qu'Isaïe attend (*cf.* Repères pour les catéchistes). À quoi pourra-t-on le reconnaître ? Est-ce que nous chrétiens, nous le reconnaissons en Jésus Christ ? Pourquoi ?
- Inviter les jeunes à découvrir un peu plus l'Esprit Saint à l'œuvre dans la vie à partir du jeu « Les dons de l'Esprit Saint ».
- En fonction du nombre de jeunes, constituer deux à quatre équipes.

Règle du jeu

Matériel nécessaire pour jouer :

- Le plateau de jeu
- Un pion différent par équipe
- Un dé
- Former trois tas avec les cartes suivantes :
  - les 16 cartes « Pentecôte »,
  - les 20 cartes « Mystère »,
  - les 28 cartes « Action ».

Déroulement

Choisis ton pion puis lance le dé. Fais avancer le pion du nombre de cases indiqué par le dé. Si tu tombes sur l'une des cases suivantes, voici les règles qui s'appliquent.

- Case « Pentecôte » : Reçois une carte « Pentecôte » que tu donneras à l'un des joueurs qui tombera sur la case « Sables mouvants ».

- Case « Sables mouvants » : Un joueur te donne une carte « Pentecôte » pour que tu puisses sortir au tour suivant.

- Case « Église » : Bravo ! Tu permets à tous les joueurs d'avancer d'une case.

- Case « Mystère » : Tire une carte « Mystère » et résous l'énigme. Si tu y parviens avance d'une case. Sinon reste sur la case « Mystère ».
- Case « Action » : Pioche une carte « Action » et dis de quel don tu as besoin pour être aidé dans cette action. Tu peux t'aider de ton livret pp. 18-19 ou des cartes « Comme un feu » que tu as reçues.

Si tu arrives exactement sur la dernière case, tu as gagné. Si tu obtiens avec ton dé un nombre supérieur au nombre de cases dont tu as besoin pour terminer, tu devras reculer ton pion d'autant de cases.

Réponses aux cartes « Action »

L'Esprit de Force

- Je reçois la force de consoler quelqu'un qui en a besoin.
- Je reçois la force de faire face à un chagrin.
- Je reçois la force de demander pardon.
- Je reçois la force de dépasser mes craintes.

L'Esprit d'Adoration

- Je pense à faire silence en entrant dans une église.
- Je pense à m'arrêter devant un beau paysage et y reconnaître Dieu.
- Je pense à m'incliner devant le tabernacle.
- Je pense à faire le signe de croix le matin en me réveillant.

L'Esprit d'Affection filiale

- J'aime savoir que Dieu nous aime comme ses enfants.
- J'aime parler à Dieu comme à un Père.
- J'aime prier le *Notre Père* avec d'autres chrétiens.
- J'aime faire confiance à Dieu.

L'Esprit de Conseil

- Je choisis de dire la vérité.
- Je choisis mes amis.
- Je choisis de demander l'aide de Dieu pour faire un choix.
- Je choisis de ne pas dire n'importe quoi.

L'Esprit d'Intelligence

- Je comprends que « l'essentiel est invisible pour les yeux ». Antoine de Saint-Exupéry
- Je comprends qu'il ne faut pas se fier aux apparences.
- Je comprends que Dieu agit dans nos vies.
- Je comprends l'importance de chercher qui est Dieu.

L'Esprit de Connaissance

- Je sais que je ne suis pas le centre du monde.
- Je sais que Dieu est toujours présent.
- Je sais faire la différence entre le bien et le mal.
- Je sais que l'amour de Dieu est plus grand que tout.

L'Esprit de Sagesse

- Je désire vivre dans l'amour de Dieu.
- Je désire faire connaître Dieu autour de moi.
- Je désire être vraiment heureux.
- Je désire me mettre au service des autres, comme Jésus.

3e pas

- À partir du jeu et des cartes « Action », demander aux jeunes si, à certains moments de leur vie, il leur arrive de prier et de demander de l'aide.
- S'aider des pages « À la loupe » pp. 18-19 pour découvrir comment les dons de l'Esprit donnés à la confirmation aident à vivre avec l'Esprit.
- Inviter les jeunes à découvrir la vie d'un témoin, Pier Giorgio Frassati, dont la vie et l'action étaient habitées par l'Esprit Saint.
- Découvrir les pp. 24-25, « Carnet de visite ».
  - Qui est Pier Giorgio Frassati ?
  - Qu'a-t-il fait ?
  - Qu'est-ce qui le faisait vivre ?
  - Comment cela se manifestait-il ?
  - Quel fruit cela a-t-il porté ?
- Retrouver quels dons de l'Esprit ont pu orienter l'action et les choix de Pier Giorgio Frassati.
- Le catéchiste dit que Pier Giorgio Frassati a agi pour venir en aide aux personnes exclues par la société et en grande difficulté. Demander aux jeunes de rechercher dans l'actualité des situations proches de celles que Pier Giorgio

Frassati rencontrait. Donner des exemples précis de personnes ou d'associations qui agissent pour soutenir les plus pauvres, prennent parti pour défendre la justice, travaillent à l'insertion des personnes seules ou rejetées.

- Relever celles qui le font au nom de leur foi en Jésus Christ.
- Observer la mascotte pp. 8-9 « En route ! » et donner l'avis de Gabriel.

> **L'avis de Gabriel : L'Esprit Saint est toujours avec toi ! Il est comme un guide de haute montagne. Il me conduit de découverte en émerveillement ! Alors regarde la joie que Pier Giorgio Frassati sème autour de lui et comme lui laisse-toi guider par l'Esprit !**

4e pas

- Proposer un temps personnel en prenant le livret jeune pp. 22-23 « Ta boussole », étape 1.
- Pour ce temps personnel et la prière, il est souhaitable, si vous en avez la possibilité, de changer de lieu en allant à l'oratoire ou dans un autre espace réservé à la prière dans la pièce. Si vous êtes obligés de rester au même endroit, signifier clairement que l'on rentre dans le temps de la prière. Ne garder que le livret jeune et un crayon, la bible ouverte à la page du texte d'Isaïe, une icône ou une bougie allumée. Ceci est valable pour toutes les rencontres.
- Inviter les jeunes à faire silence avant de répondre à la question du livret. Pour les aider à faire silence vous pouvez les guider paisiblement.

» Le chemin du silence

Se mettre à l'aise et se détendre, s'installer dans une bonne position.
Respirer tranquillement et longtemps.
Écouter les bruits qui vous entourent, pour les oublier : c'est le silence extérieur !
Puis fermer les yeux ; prendre conscience de tout ce qui vous passe par l'esprit.
Penser à une image qui vous fait plaisir et fixer toute votre attention sur elle… Puis laissez-la s'en aller pour arriver jusqu'au silence intérieur.
Sans sortir de cet état de silence le catéchiste lit dans le livret jeune le texte d'Isaïe.

- Demander aux jeunes de relire le don sur leur carte. Après un temps de silence, lire la question : « Que faut-il que je fasse pour que ce don puisse agir dans mon cœur et dans mes actes ? ». Là encore, après un temps de silence proposer aux jeunes de coller leur carte « Comme un feu » dans l'espace prévu à cet effet et d'écrire leur réponse.
- Fermer le livret et se lever tranquillement pour tracer le signe de croix.
- Chanter « Vent qui renouvelle ».
- Proposer aux jeunes qui le souhaitent de relire la prière de leur carte « Comme un feu ». Lire l'un des textes de la p. 26.
- Reprendre le refrain.
- Dire ensemble le *Notre Père*.
- Tracer le signe de croix.

Inviter les jeunes à prier dans la semaine et à essayer de vivre le don qu'ils ont gardé à l'esprit.

Étape 2
« D'un seul cœur »

Le texte biblique

La première communauté [Ac 2,42-47]

42 Ils étaient fidèles à écouter l'enseignement des Apôtres et à vivre en communion fraternelle, à rompre le pain et à participer aux prières.
43 La crainte de Dieu était dans tous les cœurs ; beaucoup de prodiges et de signes s'accomplissaient par les Apôtres.
44 Tous ceux qui étaient devenus croyants vivaient ensemble, et ils mettaient tout en commun ;
45 ils vendaient leurs propriétés et leurs biens, pour en partager le prix entre tous selon les besoins de chacun.
46 Chaque jour, d'un seul cœur, ils allaient fidèlement au Temple, ils rompaient le pain dans leurs maisons, ils prenaient leurs repas avec allégresse et simplicité.
47 Ils louaient Dieu et trouvaient un bon accueil auprès de tout le peuple. Tous les jours, le Seigneur faisait entrer dans la communauté ceux qui étaient appelés au salut.

Quelques repères pour les catéchistes

Pour lire le texte

De l'évangile aux Actes des Apôtres

Les Actes des Apôtres ont été écrits par Luc et font suite à son évangile. Dans les deux volumes de son œuvre, Luc cherche à rendre compte du projet de salut de Dieu dans le temps de Jésus (les Évangiles) et dans le temps de l'Église (les Actes). Les Actes des Apôtres, en faisant une grande place à l'Esprit Saint, racontent comment la Bonne Nouvelle est partie de Jérusalem pour se répandre jusqu'aux extrémités de la terre.
Ce récit des Actes des Apôtres se situe juste après le récit de la Pentecôte et la prédication de Pierre aux juifs rassemblés ce jour-là à Jérusalem. Il raconte comment, dès les origines, les premières communautés chrétiennes se sont constituées. La communauté décrite, celle de Jérusalem, est présentée comme une communauté ouverte, qui partage ce qu'elle a, qui annonce Jésus Christ, qui célèbre les louanges de Dieu et qui veut vivre de l'Esprit Saint.
Dès le premier verset de ce récit se trouvent posés les quatre fondements de l'Église : l'enseignement des apôtres, la communion fraternelle, le pain partagé, la prière.
C'est grâce à ces quatre fondements que la communauté chrétienne vit de l'Esprit du Christ et l'annonce au monde.
Pour Luc, ces quatre piliers sont constitutifs de toute communauté chrétienne. Ils fondent aussi notre Église aujourd'hui.

« L'enseignement des apôtres »

La foi de la communauté naît et s'approfondit en référence à l'enseignement de ceux qui ont été les témoins directs de la vie et de l'enseignement du Seigneur (voir aussi en Ac 1,21-22). C'est le témoignage de Pierre et des apôtres au jour de la Pentecôte qui fonde l'Église rassemblée.

Aujourd'hui quand nous nous rassemblons à l'église, nous écoutons la Parole qui nous est transmise, actualisée par un diacre ou un prêtre. Liés au ministère de l'évêque successeur des apôtres, ceux-ci prolongent ainsi l'enseignement des apôtres.

La « communion fraternelle »

La communion est la caractéristique essentielle de « tous ceux qui étaient devenus croyants » (v. 44). Cette expression traduit un seul mot grec : « *koïnonia* » qui désigne aussi bien la solidarité matérielle « ils mettaient tout en commun... » (v. 44-45) que la communion spirituelle des croyants avec Dieu ou des fidèles entre eux. Cette solidarité se fonde en Jésus lui-même : le baptême qui plonge dans la mort et la résurrection du Christ en nous faisant fils de Dieu nous fait aussi frères et sœurs invités à vivre selon l'amour même de Jésus (*cf.* Jn 13,34-35 commandement de l'amour).
Aujourd'hui l'Église est appelée à vivre cette dimension en mettant en œuvre le partage entre

ses membres mais aussi avec tous ceux qui sont démunis. Cette dimension de service est encore appelée « diaconie ».

La « fraction du pain »

Déjà présente dans le récit des disciples d'Emmaüs, cette expression est utilisée par Luc pour parler des chrétiens qui renouvellent le geste de Jésus « rompant le pain » lors de la Cène. C'est le signe de reconnaissance du Ressuscité.

Par ce geste, la communauté chrétienne fait mémoire du mystère pascal de Jésus Christ et manifeste qu'il est vivant et présent. En participant à l'eucharistie, les chrétiens offrent avec le Christ leur vie au Père. Ils reconnaissent en même temps l'action du Seigneur dans l'Église et dans la vie des croyants : ainsi l'eucharistie est la « source et le sommet de toute vie chrétienne ». Elle est, avec les autres sacrements, ce qui fonde l'Église.

Les « prières »

Il s'agit de diverses formes et moments de la prière communautaire. Luc souligne aussi dans ce texte à la fois l'attachement de la communauté de Jérusalem au Temple « ils se rendaient chaque jour au Temple » et son originalité par rapport au judaïsme « ils rompaient le pain à domicile ». Les chrétiens qui se rassemblent en Église sont un peuple de « prêtres », priant, chantant la louange de Dieu et intercédant en faveur de tous les hommes.

Comment en parler avec les jeunes ?

Le tableau présenté paraît idyllique. L'image que donnent nos communautés rassemblées le dimanche n'est sans doute pas aussi attrayante. Mais cette description est volontairement embellie par Luc – très vite des problèmes graves apparaîtront dans les communautés naissantes entraînant des scissions (voir notamment l'épisode d'Ananie en Ac 5,1-11). Ce texte met en valeur ce qui est essentiel à la vie de toute communauté qui se rassemble autour du Christ.

Avec les jeunes nous essaierons une lecture qui va au-delà d'une analyse de texte pour les aider à prendre conscience que la communauté décrite n'est pas une communauté humaine comme les autres et que l'Église qui se rassemble aujourd'hui vit encore de ces fondements.

Observons d'abord la joie qui transparaît dans le récit : cette joie ressentie par les croyants, l'effet de contagion qui s'opère autour (et qui fait que chaque jour elle s'agrandit !) ne sont pas seulement dus à la volonté de ses membres, à leur bonne entente, à un bien-être entre personnes qui se connaissent et s'apprécient. Cette joie naît de l'Esprit Saint. C'est lui qui touche les cœurs.

Découvrons le contexte du récit : juste avant ce passage, l'Esprit est descendu sur les Apôtres à la Pentecôte et Pierre a prononcé un grand discours. Après cet extrait, Pierre et Jean guérissent un homme au nom de leur foi en Jésus Christ. Le texte fait un lien entre ces deux événements. Il décrit de quelle façon, dans quelle ambiance vivaient les premiers chrétiens. Ce n'est ni un discours, ni un enseignement.

Repérons les personnages. Ils sont toujours collectifs, sauf à la fin du texte où l'on voit le Seigneur à l'œuvre.

Quelles sont les caractéristiques morales de la communauté ? Unanimité, allégresse…

Repérons les lieux où se retrouvent les personnes : dans leurs maisons, au Temple.

Enfin, quel nom l'auteur donne-t-il à ce groupe ? « Ceux qui accueillirent la parole… », « Ceux qui trouvaient le salut. »

Méditons ensuite en nous rappelant que ce texte a servi d'impulsion à un grand nombre de croyants, à des religieux et religieuses au moment de s'engager, à des fondateurs de mouvements spirituels. L'esprit fraternel décrit, le partage des biens, la louange joyeuse de Dieu ne sont-ils pas un moyen pour vivre en « sauvés » ?

Avec les jeunes, il est important de trouver des temps pour expérimenter et exprimer cette joie qui vient de Dieu. Ce peut être lors de rassemblements diocésains, nationaux. Mais aussi en soignant notre manière de célébrer au cours de nos assemblées dominicales et de vivre en équipe.

Étape 2
« D'un seul cœur »

Enjeu de l'étape 2 « D'un seul cœur »

À la fin de cette étape les jeunes auront découvert comment vivaient les premières communautés chrétiennes. Elles s'appuyaient sur l'enseignement des apôtres (l'Écriture et la Tradition), la communion fraternelle (la charité et le partage), la fraction du pain (les sacrements) et la prière (personnelle et communautaire). Ces piliers soutiennent toujours la vie de l'Église catholique aujourd'hui

Objectifs

- Identifier et comprendre les quatre piliers du texte
- Repérer comment ces réalités se vivent encore aujourd'hui
- Découvrir ce qu'est l'Église catholique aujourd'hui

Matériel

- Une bible
- Le livret jeune
- Des panneaux
- De quoi écrire
- Les photos « Communautés chrétiennes » (*cf.* www.seldevie.fr)

Chant

- Le bonheur d'être ensemble, n° 11

Déroulement

1er pas

- Se souvenir ensemble de l'étape précédente en s'aidant de la p. 30, étape 1 du livret jeune.
- Lire le texte Ac 2,42-47.
- Repérer dans le livret jeune pp. 28-29 les éléments du texte des Actes au milieu des situations de la vie quotidienne à l'époque de Jésus. Commenter les scènes.
- Approfondir leur contenu à partir des pp. 10-11 « Ça veut dire quoi ? ».
- À partir de ces différents éléments, réaliser ensemble un reportage sur la manière de vivre des premières communautés chrétiennes :
  - Qui sont les premiers chrétiens ?
  - Comment se rassemblent-ils ?
  - Ont-ils un guide ?
  - Quelles sont leurs relations avec le monde juif et le monde romain ?
  - Qu'est-ce qui change et qu'est-ce qui reste identique dans leur vie ?
  - Comment vivent-ils ?
- Chercher pourquoi les premiers chrétiens ont choisi de vivre de cette manière-là ?
- Écrire ensemble une définition des premières communautés chrétiennes sur un panneau.

2e pas

- Le catéchiste précise que ces premières communautés sont un modèle pour l'Église d'aujourd'hui.
- Essayer de comparer la manière de vivre des premières communautés chrétiennes avec nos communautés chrétiennes actuelles :
  - Reprendre chaque élément du texte des Actes (on peut encore s'aider des pp. 28-29).
  - Construire un tableau de quatre colonnes à partir des quatre piliers : l'enseignement des apôtres (l'Écriture et la Tradition), la communion fraternelle (la charité et le partage), la fraction du pain (les sacrements) et la prière. Proposer aux jeunes d'imaginer un logo simple pour chacun des piliers.
  - À partir des photos sur le site Internet Sel de Vie, ainsi que des connaissances et observations des jeunes, relever les ressemblances et les différences avec les communautés chrétiennes actuelles (lieux, objets, vêtements, personnes, attitudes, *etc.*) : les classer dans le tableau. Commenter les photos et les découvertes.
  - Écrire une définition des communautés chrétiennes aujourd'hui sur un deuxième panneau.
  - Comparer cette définition avec celle des premières communautés. Là aussi, relever les similitudes et les différences.

- En partant des mots du texte « d'un seul cœur » (v. 46), regarder en s'aidant des pp. 18-19 et en se souvenant de l'étape précédente comment les dons de l'Esprit et la confirmation aident à vivre aujourd'hui encore ces quatre piliers.
- Observer la mascotte dans le livret pp. 10-11 et donner l'avis de Gabriel.

> **L'avis de Gabriel : Quelle joie d'être chrétiens ! Dieu nous apprend à être frères et sœurs en Jésus Christ en partageant, en priant, en donnant... et en aimant bien sûr !**

3e pas

- Proposer un temps personnel en prenant le livret jeune pp. 22-23, étape 2.
- Inviter les jeunes à faire silence avant de répondre à la question du livret. Pour les aider à faire silence vous pouvez les guider paisiblement.
- Lire le verset 46.
- Après un temps de silence, lire la question : « Et toi, où trouves-tu la joie d'être chrétien ? »
- Là encore, après un temps de silence, proposer aux jeunes d'écrire leur réponse dans l'espace prévu dans leur livret.
- Puis entrer dans le temps de prière en traçant le signe de croix.
- Introduire la prière en proclamant le texte 1 Th 5 : « Frères, soyez toujours dans la joie, priez sans relâche, rendez grâce en toute circonstance : c'est ce que Dieu attend de vous dans le Christ Jésus. N'éteignez pas l'Esprit. » Proposer aux jeunes qui le souhaitent de dire où ils trouvent de la joie à être chrétien.
- Dire ensemble le *Notre Père*.
- Chanter « Le bonheur d'être ensemble ».

Inviter les jeunes à prier chaque soir en disant lentement le *Notre Père*.

Étape 3
« L'Église, hier et aujourd'hui ! »

Quelques repères pour les catéchistes

Petite histoire de l'Église

Les commencements

Après la Pentecôte, les apôtres et les disciples de Jésus partent annoncer la Bonne Nouvelle à toutes les nations. À leur passage, des communautés chrétiennes naissent dans tout le bassin méditerranéen. Elles croient en Jésus Christ, le Fils de Dieu, mort et ressuscité pour le salut de tous les hommes ; et célèbrent les sacrements du baptême (entrée dans la communauté) et de l'eucharistie (partage du pain et du vin, corps et sang du Christ). La Pentecôte incarne l'acte de naissance de l'Église. Jésus avait lui-même désigné Pierre pour la guider : « Tu es Pierre, et sur cette pierre je bâtirai mon Église ; et la puissance de la Mort ne l'emportera pas sur elle. Je te donnerai les clefs du Royaume des cieux… » (Mt 16,18-19). Toute l'histoire de l'Église trouve sa source en l'Esprit Saint que nous a promis Jésus Christ !

L'organisation

La multiplication des communautés rend nécessaire de les structurer pour préserver le message du Christ en le protégeant de fausses interprétations. Les apôtres vont entre autres choisir des personnes chargées du service des repas et plus largement des pauvres qu'ils nommeront diacres (Ac 6,1-5). Puis, les Apôtres nommeront, en leur imposant les mains, des « anciens » (appelés « presbytres », qui a donné le mot « prêtres »), auxquels ils confient la tâche d'enseigner la foi aux nouveaux convertis et de les maintenir dans la fidélité au Christ (Ac 14,23). Bientôt, des évêques seront choisis pour succéder aux apôtres. Ils auront la responsabilité d'un ensemble de prêtres, puis d'un ensemble de communautés sur un même territoire (Église locale, appelée aujourd'hui « diocèse »).

La ville de Rome s'impose d'elle-même comme le siège principal de l'Église après que Pierre et Paul y furent martyrisés. Dès le 1er siècle, elle devient le symbole de l'unité de l'Église. C'est pourquoi tous les successeurs de Pierre (les papes) ont leur résidence à Rome, dans une enceinte proche du tombeau de Pierre (sur lequel sera construite plus tard la basilique Saint-Pierre) : le Vatican.

La transmission écrite

La vie et les enseignements du Christ sont d'abord transmis oralement. Les lettres adressées par Paul aux communautés qu'il a fondées inaugurent un nouveau mode de transmission. Vont leur succéder les évangiles de Matthieu, Marc, Luc et Jean, et bien d'autres écrits. Devant la profusion de textes, il faudra authentifier ceux qui étaient les plus fidèles à l'enseignement du Christ. Après de nombreux débats, les écrits définitifs seront rassemblés sous le nom de « Nouveau Testament » à la fin du 2e siècle. Les écrits juifs sont dès lors appelés « Ancien Testament ».

La consolidation

Persécutés dans les trois premiers siècles, les chrétiens ne vont pourtant pas cesser d'augmenter en nombre. Les nombreux martyrs (c'est-à-dire témoins fidèles de la foi au Christ, au mépris de leur propre vie) seront, selon la belle expression, « des semences de chrétiens dans l'amour et le pardon ». Finalement, l'empereur Constantin reconnaît le christianisme comme religion officielle dans tout l'Empire romain en 312. Dès lors, libres de se déplacer, de prier, de célébrer et de s'organiser, les chrétiens vont construire des églises, le plus souvent sur des lieux de culte païen. Les paroisses sont nées. Elles vont peu à peu couvrir tous les lieux de vie au point que le mot « paroisse » désignera, en France notamment, des villages, que plus tard la Révolution Française appellera « commune ». Tout au long de son histoire, l'Église va devoir « protéger » l'authenticité de l'enseignement et des pratiques qu'elle a reçus du Christ (ce que l'on appelle « le dépôt de la foi »). De nombreuses « hérésies » proclamées par des chrétiens dissidents obligeront les papes à convoquer des Conciles (assemblées d'évêques chargées de réaffirmer les fondamentaux de la foi chrétienne). Ainsi, par exemple, en 325 à Nicée, puis en 381 à Constantinople, les évêques vont fixer définitivement le cœur de la foi dans un texte que nous récitons le dimanche et les jours de fête : le *Credo* (*cf.* « Heureux de croire », repères, pp. 79-81).

Les racines chrétiennes de l'Europe

De grandes figures vont contribuer au rayonnement de l'Église, notamment par la fondation de monastères qui vont participer activement à la vie et à l'évangélisation des campagnes. Ces saints fondateurs ont donné à l'Europe les racines chrétiennes dont les nombreux édifices religieux ne sont que la partie visible. On peut nommer en Occident : saint Martin de Tours, saint Benoît, saint François d'Assise, saint Bernard de Clairvaux, saint Dominique, *etc.*

Deux grandes épreuves

Au 10e siècle, les chrétiens d'Orient et ceux d'Occident vont se séparer douloureusement. L'une des causes se trouve dans la déliquescence du pouvoir politique en Occident, à laquelle l'Église de Rome va suppléer. Le Pape y prend de plus en plus de pouvoir, et plus seulement religieux. Il est désormais l'égal des rois et des empereurs. L'Église orientale, dont le siège se trouve à Constantinople, reproche la centralisation du pouvoir à Rome. La rupture est inévitable, et les chrétiens d'Orient se détachent de l'autorité de Rome en prenant le nom d'« orthodoxes » (fidèles à la Tradition). L'Église de Rome garde son nom de « catholique » (universelle).

Au 16e siècle, dans l'Église latine, un moine allemand, Martin Luther, accusera Rome de faire peser sur les fidèles une autorité morale, spirituelle et politique non conforme à l'esprit de l'Évangile. Luther proteste notamment contre l'usage des « indulgences » accordées contre des œuvres de charité ou d'argent, il demande que l'Église reconnaisse la primauté de la foi sur les œuvres et redécouvre la vérité de la Parole de Dieu. Devant la difficulté à se comprendre, vont naître les églises protestantes à la suite de Martin Luther et de Jean Calvin.

Aujourd'hui, catholiques, orthodoxes et protestants essayent de dialoguer plus harmonieusement, sans pour autant retrouver l'unité originelle. Chaque année, en janvier, une semaine est consacrée à la prière pour l'unité des chrétiens.

Une Église missionnaire

À travers les siècles, l'Église a toujours gardé l'esprit missionnaire des origines, tant à l'intérieur du monde chrétien qu'à l'extérieur : évangélisation du continent américain à partir de la fin du 15e siècle, naissance de congrégations religieuses missionnaires à partir du 17e siècle, évangélisation du continent africain à partir du 19e siècle... D'innombrables hommes et femmes missionnaires (religieux et laïcs) acceptent de quitter leur pays pour porter au loin la Bonne Nouvelle de l'Évangile, souvent au péril de leur vie.

L'Église catholique aujourd'hui

L'Église au 20e siècle a connu de grandes évolutions, avec notamment l'ouverture aux réalités du monde après les grandes révolutions industrielles, politiques et sociales des siècles précédents. Le concile Vatican II (1963-1965) en est l'expression la plus saisissante. De grands textes travaillés et votés par les évêques du monde entier ont défini la vie et les enseignements de l'Église catholique. Certaines réformes ont été bien visibles (liturgie célébrée dans la langue du peuple ; le prêtre face au peuple ; redécouverte de la vocation diaconale ; confirmation du dialogue œcuménique avec la présence de représentants des différentes Églises chrétiennes ; *etc.*). D'autres, plus fondamentales mais moins visibles, ont permis par exemple de réaffirmer le salut par la foi et la célébration des sacrements ; la grâce de la fréquentation de la Parole de Dieu ; la place éminente de la Tradition (à ne pas confondre avec les traditions) pour comprendre que l'Église d'aujourd'hui est la même que celle confiée par Jésus à Pierre et aux apôtres. L'Église ne se définit pas d'abord comme une hiérarchie, mais comme le Peuple de Dieu, le Temple de l'Esprit et le Corps du Christ. La place et le rôle des laïcs dans la vie des Églises locales (diocèses, paroisses) ont été valorisés et encouragés. Au 21e siècle, les évêques, en communion avec l'évêque de Rome, poursuivent la mission confiée par Jésus aux apôtres...

Étape 3 « L'Église, hier et aujourd'hui ! »

Comment en parler avec les jeunes ?

L'Église est un peuple d'hommes et de femmes de toutes cultures, origines, langues, époques... rassemblés par Jésus Christ. Elle est d'abord une communauté de croyants ! Mais elle a besoin de structures pour durer dans le temps et l'espace. Chacun y a sa place, du plus petit au plus grand... Loin d'être une organisation pyramidale, l'Église, hier comme aujourd'hui, est constituée d'une multitude de réalités humaines et spirituelles au service d'un même Seigneur et Maître, au service des hommes et des femmes de notre temps, spécialement des plus pauvres. Tous les chrétiens catholiques sont des fidèles, participant à la vie de l'Église, chacun selon les appels qu'il reçoit. Certains sont appelés à prendre des responsabilités dans leur paroisse ; d'autres à devenir prêtres, diacres, évêques, religieux ou religieuses ; d'autres, parfois les mêmes, sont missionnaires ; certains enseignent ; d'autres consacrent leur vie à la prière. Tous cherchent à servir Dieu dans leur vie quotidienne. Tous sont membres d'un même peuple, l'Église, Corps du Christ.

Enjeu de l'étape 3 « L'Église, hier et aujourd'hui ! »

À la fin de cette étape, les jeunes découvriront que le fonctionnement institutionnel de l'Église, fruit d'une Tradition vivante, est au service de l'annonce de la Bonne Nouvelle

Objectifs

- Découvrir l'organisation de l'Église catholique à partir du diocèse
- Réaliser que l'Église d'aujourd'hui est héritière de l'Église des apôtres

Matériel

- Les figurines « Peuple de Dieu » (*cf.* Supplément du catéchiste)
- De la Patafix®
- Des panneaux vierges
- Les panneaux de l'étape précédente
- Quelques feuilles ou revues paroissiales et diocésaines

Chants

- Vent qui renouvelle, n° 10
- Le bonheur d'être ensemble, n° 11

Déroulement

1er pas

- Se souvenir de l'étape précédente en s'aidant du livret jeune p. 30, étape 2 (1. Frères ; 2. Partage ; 3. Temple ; 4. Sacrement ; A. Enseignement ; B. Prière ; C. Fraction du pain ; D. Allégresse).
- Se demander comment en partant des premières communautés chrétiennes on est arrivé à l'Église organisée que l'on connaît aujourd'hui. S'aider pour cela des figurines « Peuple de Dieu ».
- Répartir les jeunes en deux ou trois équipes. Présenter les figurines « Peuple de Dieu » et demander aux jeunes de choisir quelques figurines qui, pour eux, représentent l'Église et de dire pourquoi ils les ont choisies.
- Amener les jeunes à essayer de définir le rôle de chacun des membres de l'Église en s'aidant des pp. 12-13 du livret jeune. Chaque équipe colle les figurines retenues sur un panneau en essayant de les positionner en relation les unes avec les autres : Qui est en relation avec qui ? Comment ? Comparer les schémas de chaque petit groupe. Le catéchiste peut suggérer à la fin un schéma avec le Christ au centre et insistera sur le fait que c'est toujours autour du Christ et en son nom que les chrétiens se rassemblent comme le faisaient déjà les premières communautés chrétiennes (*cf.* Repères pp. 42-44).

2e pas

- À partir des schémas réalisés, se demander si l'on retrouve les différents personnages des figurines sur notre paroisse et notre diocèse. S'aider pour cela des feuilles ou revues paroissiales et diocésaines. Reprendre les figurines et mettre des noms et des réalités concrètes sur les personnages.
- Se souvenir alors du texte Ac 2,42-47 et du tableau des quatre piliers de la vie chrétienne (réalisé à l'étape précédente) et répartir les figurines en fonction de leur rôle autour de ces quatre piliers.
- Bien mettre en valeur la filiation apostolique en s'aidant du livret jeune pp. 12-13.

3e pas

- Demander aux jeunes ce qu'évoquent pour eux ces mots : héritage et transmission. Connaissent-ils des choses, des événements, des histoires familiales qui appartenaient à leurs grands-parents ou arrière-grands-parents ? Pourquoi est-ce important pour eux ?
- Leur demander d'où vient ce qu'ils connaissent et ce qu'ils vivent de la foi. Et leurs parents et grands-parents ?
- Établir un parallèle avec les origines du christianisme, jusqu'aux apôtres et Jésus. (Ne pas éluder les questions des jeunes qui diront qu'ils ont découvert Jésus par un film ou une BD : dire que l'auteur a souhaité rendre actuel le message de la foi.)
- Observer la mascotte dans le livret pp. 12-13 et donner l'avis de Gabriel.

> **L'avis de Gabriel : Moi, j'ai reçu une Bonne Nouvelle : Jésus Christ ! Rien ne peut m'empêcher de le faire connaître ! Des millions de personnes, depuis la naissance de l'Église l'ont annoncé. À toi maintenant !**

4e pas

- Proposer un temps personnel en prenant le livret jeune pp. 22-23, étape 3.
- Inviter les jeunes à faire silence avant de répondre à la question du livret.
- Lire le verset : « Je vous ai transmis ce que j'ai moi-même reçu » 1 Co 15,3. Après un temps de silence lire la question : « Et toi, qu'as-tu reçu de la foi chrétienne ? As-tu déjà envie de transmettre quelque chose de cette foi à quelqu'un ? »
- Là encore, après un temps de silence, proposer aux jeunes d'écrire leur réponse dans l'espace prévu dans leur livret.
- Entrer dans le temps de prière en traçant le signe de croix.
- Chanter « Le bonheur d'être ensemble ».
- Dire la prière suivante, sur un fond musical et en faisant des pauses entre chaque strophe : reprendre le « *Veni Sancte Spiritus* » proposé aux parents p. 32.
- Chanter le refrain de « Vent qui renouvelle ».
- Dire ensemble le *Notre Père*.
- Chanter en entier « Vent qui renouvelle ».

> Inviter les jeunes à prier chaque soir avec l'un des paragraphes du « *Veni Sancte Spiritus* » et à prier pour chaque personne de l'équipe.

Étape 4
« Un même Esprit, un même Corps »

Le texte biblique

Tous membres d'un même corps ! [1 Co 12,12-27]

*12 Prenons une comparaison : notre
corps forme un tout, il a pourtant
plusieurs membres ; et tous les
membres, malgré leur nombre, ne
forment qu'un seul corps. Il en est
ainsi pour le Christ. 13 Tous, Juifs ou
païens, esclaves ou hommes libres,
nous avons été baptisés dans l'unique
Esprit pour former un seul corps. Tous
nous avons été désaltérés par l'unique
Esprit. 14 Le corps humain se compose
de plusieurs membres, et non pas d'un
seul. 15 Le pied aura beau dire : « Je
ne suis pas la main, donc je ne fais
pas partie du corps », il fait toujours
partie du corps. 16 L'oreille aura beau
dire : « Je ne suis pas l'œil, donc je
ne fais pas partie du corps », elle fait
toujours partie du corps. 17 Si, dans le
corps, il n'y avait que les yeux, comment
pourrait-on entendre ? S'il n'y avait que
les oreilles, comment pourrait-on sentir
les odeurs ? 18 Mais, dans le corps,
Dieu a disposé les différents membres
comme il l'a voulu. 19 S'il n'y en avait
qu'un seul, comment cela ferait-il un
corps ? 20 Il y a donc à la fois plusieurs
membres, et un seul corps. 21 L'œil ne
peut pas dire à la main : « Je n'ai pas
besoin de toi » ; la tête ne peut pas
dire aux pieds : « Je n'ai pas besoin de
vous ». 22 Bien plus, les parties du corps
qui paraissent les plus délicates sont
indispensables. 23 Et celles qui passent
pour moins respectables, c'est elles que
nous traitons avec plus de respect ;
celles qui sont moins décentes, nous
les traitons plus décemment ; 24 pour
celles qui sont décentes, ce n'est pas
nécessaire. Dieu a organisé le corps de
telle façon qu'on porte plus de respect à
ce qui en est le plus dépourvu : 25 il a voulu
qu'il n'y ait pas de division dans le corps,
mais que les différents membres aient
tous le souci les uns des autres. 26 Si
un membre souffre, tous les membres
partagent sa souffrance ; si un membre
est à l'honneur, tous partagent sa joie.
27 Or, vous êtes le corps du Christ et,
chacun pour votre part, vous êtes les
membres de ce corps.*

Quelques repères pour les catéchistes

Pour lire le texte

Quel contexte ?

Saint Paul nous est présenté dans le module « Heureux d'aimer » (Livre du catéchiste tome 1 pp. 32-33). Pour entrer dans ce chapitre 12 de la première lettre aux chrétiens de Corinthe, il est important de comprendre que les premiers chrétiens découvrent tout ! Nous, nous avons vingt siècles de vie d'Église derrière nous ! Mais les communautés chrétiennes naissantes doivent apprendre ce que signifie « vivre selon l'esprit du Christ ». C'est notamment l'objet des lettres que saint Paul leur écrit. Il leur donne des conseils, des encouragements, mais aussi des directives dans un seul but : vivre en disciples.

Il faut aussi organiser l'Église naissante ! Par sa formation et son expérience, Paul est très familier du judaïsme avec son Grand Prêtre, ses rabbins, sa liturgie dans le Temple de Jérusalem et dans les synagogues, ses enseignements, ses lois, *etc.* Paul fait partie d'un peuple bien organisé, tant sur le plan religieux que politique. Être juif, c'est faire partie d'un peuple dont la loi religieuse organise toute la vie. À Jérusalem ou à Damas, les juifs convertis au Christ sont conscients de cette appartenance, et peuvent ainsi plus facilement s'adapter à la vie d'un nouveau peuple. Mais les non-juifs qui embrassent la foi chrétienne appartiennent à des peuples divers qui n'ont pas de référence religieuse qui unifie leur vie. Paul va alors contribuer à l'émergence d'une conscience de peuple chrétien, l'Église.

Rassemblés au nom du Christ

Les nouveaux chrétiens viennent d'origines très différentes. Il importe à Paul de leur faire prendre conscience de leur unité puisqu'ils se rassemblent au nom du Christ. C'est un thème majeur chez lui. Les chrétiens sont unis par la personne du Christ. Ce n'est pas l'appartenance à un peuple qui fait leur unité, c'est le Christ lui-même. C'est ainsi que Paul va développer l'image du corps dont le Christ est la tête. La foi de Paul, c'est que le Christ est au cœur de la vie qu'il donne aux croyants, et que l'unité ne signifie pas l'uniformité. Avec cette image très forte du corps et de ses membres, Paul souligne à la fois l'unité, la diversité, la complémentarité et la solidarité des chrétiens entre eux. C'est une belle définition de l'Église… Mais il va plus loin ! Les chrétiens ne vivent pas seulement l'unité entre eux, ils vivent aussi, et d'abord, une unité de vie avec le Christ. Il va pouvoir alors s'écrier : « Vous êtes le corps du Christ et, chacun pour votre part, vous êtes les membres de ce corps » (verset 27).

Un seul corps

Le texte se comprend de lui-même ! Il est d'une rare pédagogie. Il y a cependant quelques versets qui méritent un éclairage.

« Il en est ainsi pour le Christ » : à la fin de ce verset 12, on attendrait que Paul parle de l'Église puisque tous les membres forment un seul corps. Mais il parle du Christ. En effet, pour lui, et c'est une grande audace que de l'affirmer, l'Église, c'est le Christ ! Lorsque l'apôtre parle de l'unité des chrétiens entre eux, comme des membres d'un même corps, il ne peut la dissocier de Jésus Christ qui fait l'unité de tous les hommes entre eux. Tout à la fois Dieu et homme, le Christ ressuscité rassemble l'humanité entière dans une même promesse : la vie éternelle !

« Tous… nous avons été baptisés dans l'unique Esprit pour former un seul corps » (verset 13) : c'est l'Esprit Saint qui, par le baptême, fait de nous les membres de l'Église et les membres du Christ. Par le baptême, nous appartenons au Christ, quelle que soit notre origine religieuse « juifs ou païens » et sociale « esclaves ou hommes libres ». Il y a un « avant baptême », et un « après baptême » ! Avant, c'est la dispersion ; après, c'est l'unité en une même famille spirituelle.

« Vous êtes le corps du Christ et, chacun pour votre part, vous êtes les membres de ce corps » (verset 27) : voilà une affirmation très forte ! Paul ne dit pas « vous êtes comme le corps du Christ », mais « vous êtes le corps du Christ ». C'est beaucoup plus qu'une comparaison, c'est une identification ! Jésus Christ vit dans l'Église, et l'Église vit en Jésus Christ.

Comment en parler avec les jeunes ?

Le corps et ses membres sont une image très intéressante pour parler de l'Église. La différence des membres, leurs fonctions, leurs relations entre eux permettent de découvrir la réalité de l'Église. Elle n'est pas qu'une institution hiérarchique, nécessaire pour son « fonctionnement ». Elle est aussi et surtout une communauté d'hommes et de femmes qui se rassemblent pour être heureux ensemble (c'est l'objet de ce module « Heureux de vivre »), animés d'un même Esprit Saint et tournés vers un même Seigneur. Une communauté qui n'a de frontières ni dans l'espace ni dans le temps.

On pourra demander aux jeunes de repérer dans le texte ce qui exprime l'unité, puis la diversité, puis la complémentarité, puis la solidarité… et faire le parallèle avec leur vie de tous les jours.

On pourra aider les jeunes à réfléchir à la différence entre unité et uniformité : si nous sommes tous différents, nous ne sommes pas des « clones », et pourtant nous sommes membres d'une même famille humaine et spirituelle.

On pourra faire toucher aux jeunes la chance de la diversité et de la complémentarité : tout seul, j'ai des qualités et des talents, mais aussi des défauts et des faiblesses. L'autre qui est à côté de moi en a aussi, mais pas nécessairement les mêmes ! En mettant en commun nos qualités et nos talents, les uns complètent ce qui manque aux autres, et ensemble « on est plus forts ! ». Nos différences sont des richesses.

On pourra alors montrer que pour qu'une communauté, une équipe de jeunes par exemple, vive sereinement et durablement, il lui faut la

Étape 4 « Un même Esprit, un même Corps »

somme de plusieurs compétences ou fonctions. C'est aussi l'occasion de parler des vocations dans l'Église.
Cette image du corps doit cependant être maniée avec délicatesse, respect et bienveillance dans l'équipe. Lorsque l'on parle des membres moins respectables ou moins décents (verset 23) ou des membres souffrants du corps (verset 26), on aura une attention particulière pour les jeunes touchés par un handicap, par une malformation, par une situation sociale difficile, ou par un deuil… Veiller aux mots que l'on prononce !

Enjeu de l'étape 4 « Un même Esprit, un même Corps »

Les jeunes auront découvert que par le don de l'Esprit Saint, les chrétiens dans leurs diversités forment le corps du Christ qui est l'Église. Chacun y est appelé par Dieu à une place particulière en relation avec les autres

Objectifs

- Repérer les différences et les complémentarités dans l'équipe
- Percevoir la présence et l'action de l'Esprit Saint dans l'Église
- Découvrir que l'Église a besoin de vocations différentes

Matériel

- Le livret
- Une bougie
- Le témoignage d'Olivier G., séminariste (*cf.* www.seldevie.fr)

Chant

- L'Esprit Saint qui nous est donné, n° 12

Déroulement

1er pas

- Se souvenir de l'étape précédente en s'aidant du livret jeune p. 31, étape 3. (A. c ; B. a ; C. ab ; D. a)
- Lire le texte 1 Co 12,12-27 dans la bible. Demander aux jeunes pourquoi Paul utilise l'image du corps pour parler des premières communautés chrétiennes. Qu'est-ce que cela nous permet de comprendre ? S'aider de « Ça veut dire quoi ? » et « Pour comprendre le texte » pp. 14-15 pour approfondir la compréhension du texte.
- Repérer dans le texte ce qui est de l'ordre de l'unité, la diversité, la solidarité, la complémentarité. Se mettre d'accord au préalable sur la signification de chacun de ces termes en donnant des exemples concrets puis essayer d'en donner une définition.
- S'aider du tableau en Annexe, en donnant un tableau vierge à chacun ou en le reproduisant sur une grande feuille pour l'équipe.
- Dans le texte de Paul qu'est-ce qui fait l'unité de ce corps (v. 13) ? Pourquoi ? Se souvenir de l'étape 1 de ce module en se demandant comment l'Esprit Saint agit dans nos vies. On peut s'aider des pp. 18 à 21 du livret jeune pour voir l'action de l'Esprit Saint à l'œuvre dans le sacrement de confirmation.

2e pas

- Le catéchiste demande : « À votre avis ce texte peut-il aider la vie de l'équipe ? » Relever les différences (celles qui nous séparent, celles qui nous unissent) et les points communs dans l'équipe. Réfléchir à ce qui pourrait aider l'équipe à aller vers d'avantage d'unité.
- Pensez-vous que ce texte puisse aider des groupes plus importants à vivre ensemble (la communauté chrétienne par exemple) ? Mettre en évidence le rôle de l'Esprit Saint.
- Observer la mascotte dans le livret pp. 14-15 et donner l'avis de Gabriel.

L'avis de Gabriel : Ça veut dire que moi aussi je fais partie de ce corps ? Je suis sûr que l'on est plus fort ensemble ! L'Esprit Saint nous fait un cadeau : ses dons ! Avec ces dons, je peux grandir, devenir vraiment moi-même et trouver ma place avec les autres dans l'Église.

• Le catéchiste invite les jeunes à bâtir ensemble une enquête pour découvrir les différentes vocations dans l'Église.

3e pas

• Introduire ce troisième pas : « Pour découvrir un peu plus les richesses des différences dans l'Église, nous allons découvrir plusieurs vocations de baptisés dans l'Église. Commençons par un sondage pour voir ce que les gens connaissent des vocations ».

• Préparer le sondage et sa réalisation :

- En équipe de catéchèse paroissiale : aller à la messe, et faire le sondage à la sortie (contacter le prêtre avant pour qu'il puisse présenter le projet et que les jeunes soient bien accueillis).
- Ou dans un établissement catholique : mener l'enquête auprès des enseignants et des membres du personnel (en les informant au préalable de la démarche pour que les jeunes soient bien accueillis).
- Réfléchir en équipe à la manière dont les jeunes vont mener l'enquête et se présenter auprès des gens.

• Quelques questions pour le sondage à compléter par les questions des jeunes :

- Qu'évoque pour vous le mot « vocation » ?
- Connaissez-vous des personnes qui vivent une vocation particulière ?
- Vous êtes-vous posés un jour la question d'une vocation chrétienne ?
- À votre avis, quelle est votre vocation ?
- Connaissez-vous d'autres vocations que celles de prêtres, religieux, *etc.* ?
- Pensez-vous que ces vocations soient utiles, inutiles, sans avis ?
- Selon vous, le baptême est-il une vocation ?
- Pensez-vous qu'une vocation soit un engagement à vie ?

4e pas

• Mettre en commun à la rencontre suivante et faire part à la paroisse ou à l'établissement du résultat de l'enquête.

• Répondre aussi en équipe aux questions de l'enquête et découvrir des vocations diverses dans le livret jeune aux pp. 6-7 ou regarder le témoignage d'Olivier G., séminariste. (*cf.* www.seldevie.fr)

5e pas

• Proposer un temps personnel en prenant le livret jeune pp. 22-23, étape 4.

• Inviter les jeunes à faire silence avant de répondre à la question du livret. Pour les aider à faire silence vous pouvez les guider paisiblement.

• Lire le verset : « Si un membre souffre, tous les membres partagent sa souffrance ; si un membre est à l'honneur, tous partagent sa joie. Or, vous êtes le corps du Christ et, chacun pour votre part, vous êtes les membres de ce corps. » 1 Co 12,26-27. Après un temps de silence, lire la question : « Comment peux-tu être proche et à l'écoute des autres ? »

• Là encore, après un temps de silence, proposer aux jeunes d'écrire leur réponse dans l'espace prévu dans leur livret.

• Puis entrer dans le temps de prière en traçant le signe de croix.

• Chanter « L'Esprit Saint qui nous est donné » en se passant une bougie. Dire ensemble la prière du rituel « Célébrer la confirmation » p. 20 du livret jeune.

• Se donner la main en disant le *Notre Père*.

• Reprendre le refrain.

Inviter les jeunes à prier chaque matin avec la prière du rituel « Célébrer la confirmation » p. 20 du livret jeune.

Annexe

La lettre aux Corinthiens	Diversité : ce qui est formé de choses variées	Complémentarité : ce qui apporte quelque chose en plus	Solidarité : être concerné par ce que vivent les autres et s'y investir	Unité : ce qui réunit des choses différentes
v. 12				
v. 13				
v. 14				
v. 15				
v. 16				
v. 17				
v. 18				
v. 19				
v. 20				
v. 21				
v. 22				
v. 23				
v. 24				
v. 25				
v. 26				
v. 27				

Étape 5
« Recevez le Royaume »

Le texte biblique

J'avais faim, vous m'avez donné à manger !
[Mt 25,34-40]
*34 Alors le Roi dira à ceux qui seront à sa
droite : « Venez, les bénis de mon Père,
recevez en héritage le Royaume préparé
pour vous depuis la création du monde.
35 Car j'avais faim, et vous m'avez donné
à manger ; j'avais soif, et vous m'avez
donné à boire ; j'étais un étranger, et
vous m'avez accueilli ; 36 j'étais nu, et
vous m'avez habillé ; j'étais malade, et
vous m'avez visité ; j'étais en prison, et
vous êtes venus jusqu'à moi ! » 37 Alors
les justes lui répondront : « Seigneur,
quand est-ce que nous t'avons vu… ? Tu
avais donc faim, et nous t'avons nourri ?
Tu avais soif, et nous t'avons donné à
boire ? 38 Tu étais un étranger, et nous
t'avons accueilli ? Tu étais nu, et nous
t'avons habillé ? 39 Tu étais malade ou
en prison… Quand sommes-nous venus
jusqu'à toi ? » 40 Et le Roi leur répondra :
« Amen, je vous le dis : chaque fois que
vous l'avez fait à l'un de ces petits qui
sont mes frères, c'est à moi que vous
l'avez fait. »*

Quelques repères pour les catéchistes

Pour lire le texte

Sa situation dans l'Évangile

L'évangile de Matthieu s'articule autour de cinq grands discours de Jésus qui rassemblent l'essentiel de son enseignement :

- le discours sur la montagne (5-7)
- le discours d'envoi en mission (10)
- le discours en sept paraboles : les mystères du Royaume (13)
- le discours sur la vie en communauté (18)
- le discours sur l'avènement du Royaume en Jésus (24-25).

Ce texte est le point central du dernier discours et fait écho au premier : le discours sur la montagne. Il se situe vers la fin de l'évangile de Matthieu, juste avant le début de la Passion et du complot qui se trame contre Jésus.

Quel jugement ?

L'espérance messianique fait partie de leur culture religieuse et s'accompagne de l'attente du jugement dernier qui rassemblera les nations, les païens et les croyants.
Le Fils de l'homme est donc celui qui agit au nom de Dieu. Il est Maître du jugement : c'est lui qui sépare les brebis et les chèvres.
C'est en séparant que le Seigneur crée le Royaume. Cette séparation n'est pas sans rappeler le texte de Genèse 1 : Dieu sépare les eaux d'en haut des eaux d'en bas… Cet acte est le commencement ! Le Fils de l'homme n'est donc pas en train de détruire, comme une lecture hâtive pourrait le laisser penser, mais de créer. Il attire ainsi l'attention sur la nécessité pour l'homme de choisir à la suite des paraboles la disponibilité, l'écoute, la fructification des talents qui conduisent à la charité et à la vie éternelle.

D'un côté, nous avons le Fils de l'homme (v. 31), aussi appelé « le Roi » (v. 34). De l'autre, nous avons les nations (v. 32) et différentes manières de les nommer : nations, brebis et chèvres (v. 32), les bénis de mon Père (v. 34), les justes (v. 37). Le Roi siège donc face aux nations, face à un groupe, mais lorsqu'il commence à séparer et à parler, il s'adresse à des individus. « Venez » dit le Roi : il s'agit d'un appel, d'une invitation, avec en retour la possibilité d'une liberté de réponse.
« Venez, les bénis de mon Père » : c'est une appellation pleine de tendresse qui fait écho aux nombreuses bénédictions données par Dieu au peuple élu de l'Ancien Testament.
« Recevez en héritage le Royaume préparé pour vous depuis la création du monde. » (Mt 25,34). Il s'agit bien d'un don reçu par la filiation que Jésus Christ inaugure. Cette vie préparée depuis toujours fait encore écho à l'acte créateur de Dieu évoqué précédemment.

Les actes de charité

Suit alors la litanie des gestes tout simples, banals, accomplis par les justes : ils ont répondu aux besoins fondamentaux ressentis par ceux qu'ils rencontraient : la faim, la soif, le besoin de couvrir la nudité, le besoin de ne pas être seul face à la maladie ou à l'épreuve de la prison, (v. 35-36).

Jésus révèle alors le mystère de sa présence qui par son incarnation fait de lui notre frère jusque dans la chair. « J'avais faim », « j'avais soif », « j'étais un étranger », « j'étais nu », « j'étais malade », « j'étais en prison ». Il s'assimile et s'identifie à chacun des pauvres que nous sommes. Il s'implique fermement dans ces besoins fondamentaux non satisfaits, il les connaît et les vit lui-même, à travers chacun de nous.

La réponse des justes est assez étonnante, il semblerait qu'ils n'aient pas reconnu le Fils de l'homme lorsqu'ils l'ont croisé. Les justes n'ont pas accompli ces actes pour en retirer un bien ou un avantage pour eux-mêmes. Ils ont agi gratuitement, par amour, selon leurs valeurs personnelles, et ce qui est important pour eux.

Cette conclusion du Fils de l'homme est une leçon de vie à elle seule. Elle est introduite par « en vérité je vous le dis » : chaque fois que le Christ veut dire quelque chose d'essentiel à ses disciples ou à la foule, il emploie cette expression. C'est comme s'il disait : « Écoutez bien ce que je vais dire maintenant, c'est quelque chose de très important ». « L'un de ces petits qui sont mes frères » (*cf.* p. 51): cela peut être les juifs, bien ou mal traités par les nations, mais certainement plus largement tous les hommes, comme l'ensemble de l'Évangile nous invite à le penser. Cet élargissement trouve un écho avec le texte suivant : « Quelqu'un lui dit : "Ta mère et tes frères sont là dehors, qui cherchent à te parler". Mais Jésus répond à cet homme : "Qui est ma mère, et qui sont mes frères ?" Puis, tendant la main vers ses disciples, il dit : "Voici ma mère et mes frères". » (Mt 12,47-49) ou bien encore chez Luc : « Ma mère et mes frères, ce sont ceux qui entendent la parole de Dieu, et qui la mettent en pratique. » (Lc 8,21)

Comment en parler avec les jeunes ?

Cet évangile est un dévoilement, une révélation, c'est-à-dire une apocalypse. Il ne s'agit pas d'une prédiction de l'avenir, ni l'annonce d'un lendemain qui, de toute manière, nous échappera toujours. C'est une Révélation du présent. Ce n'est pas un appel à prendre ce moment du jugement dernier, autrement dit la mort, au tragique, mais un appel à prendre la vie au sérieux.

Dès cette vie, mes actes portent en eux un poids, même s'ils paraissent dérisoires, comme un simple bout de pain, ou un petit verre d'eau. Donnés gratuitement, ou refusés par égoïsme ou indifférence, des petits bouts de pain, de simples verres d'eau vont orienter mon existence, pour en faire une belle histoire d'amour ou un triste gâchis…

Voilà la véritable révélation qui jaillit de ce texte : la vie éternelle est déjà commencée. Dès maintenant, mystérieusement, à travers le moindre de nos actes, se tisse, de manière décisive, notre relation avec les autres, avec Dieu, avec le Christ vainqueur de la mort.

Ce texte a donc une valeur universelle. Tout d'abord, l'Évangile, c'est-à-dire la « Bonne Nouvelle », s'adresse à la terre entière : « Toutes les nations seront rassemblées devant lui. » (v. 32) et chacun est unique et digne de l'amour de Dieu, sans condition.

Enfin, l'énumération des actes charitables que les justes ont prodigués est très précise et très concrète ; elle concerne la faim, la soif, le vêtement, l'accueil des étrangers. La charité ainsi conçue est de style profane ; rien n'évoque le sens du sacré ou le rite. Ces actes sont donc à la portée de tous. Personne ne peut se dire trop petit, indigne ou incapable de donner un verre d'eau !

Enjeu de l'étape 5 « Recevez le Royaume »

À la fin de cette étape, les jeunes auront découvert que vivre en chrétien, c'est construire le Royaume de Dieu en donnant et en étant au service les uns des autres. « Il y a plus de joie à donner qu'à recevoir » Ac 20,35

Objectifs

- Découvrir ce qu'est le Royaume de Dieu
- Recevoir ce texte de Matthieu comme une Parole qui fait agir
- Bâtir en équipe, un projet de service

Matériel

- Une bible
- Le livret jeune

Chant

- Vent qui renouvelle, n° 10

Déroulement

1er pas

- Se souvenir de l'étape précédente en s'aidant du livret jeune p. 31, étape 4.
- Lire le texte de Mt 25,34-40 dans la bible.
- Poser quelques questions pour avancer dans la compréhension du texte.

> - Qu'est-ce qui vous surprend dans ce texte ?
> - Quels sont les personnages principaux ?
> - Où et à quel moment se déroule l'action ?
> - Quelles sont les conditions pour entrer dans ce Royaume ?
> - Qu'en pensez-vous ?
> - Ce Royaume est-il comparable aux royaumes humains tels que l'on a l'habitude de les voir ?
> - Qui est le Roi ?

- Lire les pp. 16-17 « En route ! » pour compléter l'échange. Que nous demande ce texte aujourd'hui ?
- À la lumière de ce texte, se poser maintenant la question : « Réussir sa vie, c'est quoi ? » S'aider des pp. 4-5 « Qu'est-ce que tu dis ? »
- Demander aux jeunes comment ils se rendent disponibles dans leurs journées pour rendre service ? Est-ce que c'est important pour eux ?

2e pas

- Se souvenir de l'étape précédente et dire que l'unité d'une équipe se construit aussi en faisant des choses ensemble. Choisir un projet de service réalisable par l'équipe.
- Le construire en s'aidant, pour les catéchistes de l'annexe p. 54.
- Observer la mascotte dans le livret jeune pp. 16-17 et donner l'avis de Gabriel.

> **L'avis de Gabriel : À toi de bouger maintenant ! Dieu te comble de ses dons... Alors partage-les avec les autres ! Apprends à donner dans la joie... Tu verras, ça rend heureux !**

3e pas

- Relire le texte de Mt 25, 34-40 dans le livret jeune p. 16.
- Chanter « Vent qui renouvelle ».
- Proposer un temps personnel en prenant le livret jeune pp. 22-23, étape 5.
- Inviter les jeunes à faire silence avant de répondre à la question du livret. Pour les aider à faire silence vous pouvez les guider paisiblement.
- Lire la parole des justes aux versets 37 à 39.
- Après un temps de silence, lire la question : « Qu'est-ce qui peut t'aider à dire : donner apporte de la joie ? »
- Là encore, après un temps de silence, proposer aux jeunes d'écrire leur réponse dans l'espace prévu dans leur livret.
- Puis entrer dans le temps de prière en traçant le signe de croix.
- Porter dans la prière le projet que l'équipe a choisi de mener. Demander à l'Esprit Saint d'accompagner l'action et prier les uns pour les autres.

Étape 5
« Recevez le Royaume »

- Dire ensemble le *Notre Père*.
- Chanter « Vent qui renouvelle ».

Inviter les jeunes à prier chaque jour pour l'action qu'ils vont mener.

Annexe

Pour bâtir un projet de service

Voici quelques pistes et conseils pour mener à bien ce projet de service ou de solidarité.

Pourquoi ce projet ?

À la fin de cette étape, les jeunes auront découvert que vivre en chrétien, c'est construire le Royaume de Dieu en donnant et en étant au service les uns des autres.
« Il y a plus de bonheur à donner qu'à recevoir » Ac 20,35.
Essayons de vivre cette belle expérience !

Comment mettre en œuvre un projet de service ?

Avant tout projet il faut :

S'informer
Organiser une rencontre avec des témoins qui sont engagés dans des associations de solidarité, de soutien au nom de leur foi.

Aller sur le terrain
Découvrir les propositions existantes au niveau local, régional, international.

Comprendre
Définir la démarche du projet avant de se lancer dans l'action.
Prendre le temps de le faire « mûrir » ou mieux encore, amener les jeunes à faire eux-mêmes une proposition de projet solidaire.

Agir
Envisager des projets intergénérationnels et faire naître un partage de savoir et d'expérience.
Privilégier la qualité de la vie de l'équipe, du lien fraternel, le Christ au milieu de cette équipe.
Quelques exemples :

- Se rapprocher de la paroisse si elle a un projet caritatif.
- Visiter une maison de retraite.
- Se rapprocher du Secours catholique, Pax Christi, l'Arche, les restos du cœur, la banque alimentaire, Emmaüs, et bien d'autres.

Points de vigilance et relecture

Quelques points de vigilance :

- Veiller à ce que le projet permette vraiment aux jeunes d'être acteurs et de vivre des rencontres.
- Ne pas forcément envisager des opérations « tirelire ».
- Choisir un projet à notre portée et le vivre jusqu'à son aboutissement, relire le projet.
- Permettre à l'autre de dire merci, en gardant contact par exemple.
- Privilégier une action proche de chez eux et de leurs réalités plutôt que loin de leurs préoccupations.

Des questions pour la relecture de l'action avec les jeunes :

- Qu'a-t-on découvert ?
- Qu'est-ce qui donne du sens à l'engagement de ces personnes ?
- Qu'est-ce que cela change dans mes relations aux autres ?
- Quelles questions cela amène-t-il pour notre avenir ?
- Quelle place la foi peut-elle prendre au quotidien, dans notre vie ?

Heureux
de croire

11-13 ans

Visée du module

La visée de ce module est de permettre aux jeunes de découvrir que croire est un acte vital qui répond au désir profond de vérité et de bonheur. « Qui dit "Je crois" dit "J'adhère à ce que nous croyons" » Catéchisme de l'Église Catholique n° 185. En disant « Nous croyons », nous reconnaissons que nous recevons la foi de l'Église et que chacun est appelé à faire un chemin de foi qui lui permettra de dire « Je crois ». En retournant à la source du baptême, première profession de la foi en un seul Dieu, Père, Fils et Saint Esprit, les jeunes pourront en redécouvrir le sens pour en vivre davantage.

« La foi est un acte personnel : la réponse libre de l'homme à l'initiative de Dieu qui se révèle. Mais la foi n'est pas un acte isolé. Nul ne peut croire seul, comme nul ne peut vivre seul. Nul ne s'est donné la foi à lui-même comme nul ne s'est donné la vie à lui-même. Le croyant a reçu la foi d'autrui, il doit la transmettre à autrui. Notre amour pour Jésus et pour les hommes nous pousse à parler à autrui de notre foi. Chaque croyant est ainsi comme un maillon dans la grande chaîne des croyants. Je ne peux croire sans être porté par la foi des autres, et par ma foi, je contribue à porter la foi des autres. »

Catéchisme de l'Église Catholique n° 166

Itinéraire

Étape 1 : « Pour vous qui suis-je ? »
Étape 2 : « Écoute ! »
Étape 3 : « Bâtir sur le roc »
Étape 4 : « Il vit et il crut »
Temps fort : « Je crois »

Rencontre entre catéchistes

Objectifs

- Recevoir le texte de Jn 20,1-10 dans la prière
- Reconnaître la résurrection comme le fondement de la foi de l'Église
- Prendre connaissance du déroulement des étapes du module

Déroulement

Temps de prière

- Vivre le dialogue contemplatif proposé pendant le temps fort (*cf.* Atelier Dialogue contemplatif à partir de Jn 20,1-10, pp. 82-83).

Temps d'échange en petits groupes

- Avant la rencontre, préparer le jeu des cartes postales proposé aux jeunes pour l'étape 4 (*cf.* p. 73). Le faire ensemble. Puis lire le repère de cette étape en entier, pp. 72-75.
- Se demander ensuite pourquoi la résurrection est au centre de la foi chrétienne et lire le *Credo*, livret jeune p. 20.

Comment parler de la foi de l'Église avec les jeunes ?

- Lire la visée du module p. 55 et découvrir les étapes.

Rencontre avec les parents et les jeunes

Enjeu

L'enjeu de cette rencontre est que les parents et les jeunes visitent les signes, les paroles et les sens de la veillée pascale et découvrent quelques éléments du *Credo* de l'Église

Objectifs

- Vivre un temps d'échange entre parents et jeunes
- Mettre en valeur les étapes de la veillée pascale à partir des signes pour en découvrir le sens
- Donner des informations pratiques pour la profession de foi

Si ce module se vit pendant le carême et le temps pascal, on invitera les jeunes et les parents à vivre la veillée pascale. Cette rencontre aura donc lieu après le dimanche de Pâques.
Si l'on vit ce module sur une autre période de l'année, on se contentera de regarder le diaporama sur la célébration de la veillée pascale.
Quelle que soit la situation, nous vous conseillons de vous appuyer sur la vidéo.

Matériel

- Une bible
- Le livret jeune
- Le diaporama sur la veillée pascale (*cf.* www.seldevie.fr)
- Une icône du Christ
- Une vasque avec de l'eau
- Des votives
- Des grandes feuilles
- De quoi écrire

Chant

- Ils deviennent chemin, n° 7

Déroulement

Temps de l'écoute et de l'échange

- Partager un pique-nique, ou un temps d'accueil convivial autour d'une collation.
- Aborder toutes les questions pratiques autour de la profession de foi, la retraite, les horaires, les tenues, *etc.*

Baptême et profession de foi

- Faire le lien entre le baptême et la profession de foi. S'aider du livret jeune pp. 18-19.
- Introduire le diaporama sur la veillée pascale en disant que les signes du baptême trouvent leur source dans la veillée pascale.
- Regarder le diaporama, en demandant :
  - aux jeunes de regarder quels sont les signes et les gestes faits pendant la veillée et de noter ceux qu'ils préfèrent,
  - aux parents d'être attentifs aux paroles prononcées par le prêtre et les lecteurs et de souligner celles qui les touchent.

En petits groupes (parents et jeunes ensemble)

- Dix à douze personnes maximum, prévoir un animateur par groupe :
  - Qu'avez-vous observé ?
  - Quel sens cela a-t-il pour vous ?
  - Quel sens cela peut-il avoir pour l'Église ?

En grand groupe

- Lire le *Credo* p. 20 du livret jeune.

Le Symbole des Apôtres reprend en des termes simples le contenu essentiel de la foi chrétienne. Tous les dimanches, le Credo est dit en assemblée pour confirmer ensemble la foi de notre baptême.

En petits groupes

- Sur une grande feuille ou un tableau : écrire Père/Fils/Esprit/Église. Chacun est invité à venir écrire un mot pour dire ce que cela signifie pour lui.
- Relire tous les mots et chacun vient souligner les mots avec lesquels il est d'accord et rajouter des mots pour compléter.
- Relire le *Credo* partie par partie (Père, Fils, Esprit, Église) et pointer ce qui diverge et converge, entre le *Credo* et l'expression du groupe.

Rencontre avec les parents et les jeunes

Temps de la prière

- Chanter « Ils deviennent chemin », livret jeune p. 27.
- Lecture de Mt 16,13-17. Avant la lecture, des parents apportent une vasque avec de l'eau, la bible, des votives et l'icône.
- Proposer de prier pour les jeunes qui se préparent à la profession de foi, leurs parents, parrains et marraines, et éventuellement accueillir les intentions de prières spontanées des participants.
- Dire le *Notre Père* ensemble.
- Chanter « Ils deviennent chemin ».

Pour découvrir « Heureux de croire »

- À partir du livret jeune, attirer l'attention des parents sur le fonctionnement par rubrique, le rôle de la mascotte. S'aider pour cela des pp. 12-13 prévues à cet effet dans l'introduction.
- Puis, présenter l'itinéraire parcouru avec les jeunes avec les pages « En route ! » ; susciter la réaction des parents à partir des titres des étapes.
- Proposer aux parents de feuilleter régulièrement le livret avec le jeune en s'appuyant sur les pages « Qu'est-ce que tu dis ? » pour susciter un dialogue en famille, « Carnet de visite » pour découvrir un témoin... Attirer l'attention sur le baptême et la profession de foi avec les pages « À la loupe ».

Étape 1
« Pour vous qui suis-je ? »

Le texte biblique

La profession de foi de Pierre [Mt 16,13-17]
13 *Jésus était venu dans la région de Césarée-de-Philippe, et il demandait à ses disciples : « Le Fils de l'homme, qui est-il, d'après ce que disent les hommes ? »*
14 *Ils répondirent : « Pour les uns, il est Jean-Baptiste ; pour d'autres, Élie ; pour d'autres encore, Jérémie ou l'un des prophètes. »*
15 *Jésus leur dit : « Et vous, que dites-vous ? Pour vous, qui suis-je ? »*
16 *Prenant la parole, Simon-Pierre déclara : « Tu es le Messie, le Fils du Dieu vivant ! »*
17 *Prenant la parole à son tour, Jésus lui déclara : « Heureux es-tu, Simon fils de Yonas : ce n'est pas la chair et le sang qui t'ont révélé cela, mais mon Père qui est aux cieux. »*

Quelques repères pour les catéchistes

Pour lire le texte

La profession de foi de Pierre

Ce récit vient clore la section centrale de l'évangile de Matthieu (du chapitre 12,22 au chapitre 16,20) qui aborde la question de l'identité de Jésus.

Dans cette scène finale, Matthieu porte une attention particulière à la personne de Pierre. On y distingue deux parties :

- l'échange entre Jésus et les disciples avec la confession de foi de Pierre (v. 13-16)
- puis un bref discours adressé à Pierre (v. 17-19) dont nous ne retenons ici que le verset 17.

Jésus demande d'abord à ses disciples ce que « les hommes » (la foule) disent sur l'identité du « Fils de l'homme ». La réponse reprend les attentes d'Israël (v. 13 et 14) : on voit en lui l'un des prophètes attendus.

Jésus renvoie ensuite la question directement aux disciples (v. 15). En réponse c'est Simon-Pierre qui confesse : « Tu es le Christ, le Fils du Dieu vivant ». « Tu es le Messie » annoncé par les prophètes. « Le Fils » renvoie à un lien à Dieu par une relation sans pareille (Mt 11,27). Fils « du Dieu vivant » est une formule biblique (Os 2,1) qui évoque Dieu créateur, et selon les premiers chrétiens, Dieu Sauveur.

Jésus s'adresse alors à Pierre pour lui dire que la foi ne vient pas de son intelligence mais d'une révélation du Père « Heureux es-tu… » (v. 17) : Simon ne confesse la vraie foi que par la révélation gratuite du Père promise naguère aux « tout-petits » (Mt 11,25) et non par « la chair et le sang », c'est-à-dire par des ressources humaines fragiles et temporaires.

Matthieu désigne le disciple à la fois par son nom d'origine, Simon, et par le nom qu'il lui a donné, Pierre « Tu es Pierre et sur cette pierre je bâtirai mon Église… » (v. 18).

Dans ce récit, Pierre parle en son nom propre. Il ne se situe pas en porte-parole des disciples. Par sa réponse personnelle, il est pour nous le modèle d'une foi chrétienne authentique.

Pour comprendre quelques mots

Le Fils de l'homme : dans l'Ancien Testament, cette expression est liée à deux traditions : l'une se rattachant à Ezéchiel (2,1), « le Fils de l'homme » serait une autre manière de dire « je ». Une autre, de type apocalyptique, représentée par Daniel (7,13) où « le Fils de l'homme » figure le jugement des pécheurs et le rachat des justes. Dans le Nouveau Testament, cette appellation révèle en Jésus celui qui sauve les pécheurs par la croix et en même temps révèle le Père dans la gloire.

Christ ou Messie : Christ et Messie ont le même sens. Le mot « Christ » est la traduction grecque du mot hébreu « *Mashiah* », messie. Cela signifie oint.

Le terme est appliqué dans l'Ancien Testament, aux rois, aux prêtres consacrés par l'onction, et au libérateur promis, Fils de David. Désigner Jésus comme Christ, c'est l'inscrire dans la lignée de David : c'est lui le Messie attendu.

Et en même temps le Christ dépasse les attentes des juifs : il est le Fils de Dieu, ressuscité pour sauver les hommes de la mort.

Comment en parler avec les jeunes ?

« La foi est la réponse de l'homme à Dieu qui se révèle et se donne à lui, en apportant en même temps une lumière surabondante à l'homme en quête du sens ultime de sa vie. » (*cf. Catéchisme de l'Église Catholique* n° 26).

« La foi est la réponse de l'homme à Dieu qui se révèle... »

Pour permettre aux jeunes d'apporter une réponse personnelle à Dieu, il est important de partir de leur vie, de ce qu'ils sont, de ce en quoi ils croient. Nous veillerons à discerner ce qui est vital pour eux.

« En apportant une lumière surabondante à l'homme en quête du sens... »

Aux questions des hommes, la foi apporte une réponse qui n'enferme pas dans des certitudes mais laisse entrevoir le sens de la vie. Elle rend heureux « Heureux es-tu, Simon fils de Yonas… » (v. 17). Avec Pierre, qui proclame avec assurance sa foi en Jésus Christ, Fils du Dieu vivant, les jeunes avanceront pas à pas jusqu'à la question : « Qui est Jésus pour toi ? »
Cette première étape place les jeunes sur un chemin. Il faudra veiller à respecter chacun dans son cheminement.
Sur ce chemin, Pierre est un modèle pour une foi chrétienne authentique. En s'identifiant à Pierre, les jeunes pourront mettre leurs pas dans ceux d'un homme qui connaît des enthousiasmes et des doutes. Il est celui à qui est révélée la véritable identité de Jésus par le « Père qui est aux cieux » (v. 17), celui aussi qui est choisi comme pasteur de son Église (Mt 16,18-19 ou Jn 21,15-23) mais qui a aussi ses moments de doute, de peur (Mt 14,30) jusqu'à la trahison (Lc 22,57), *cf.* « Heureux d'aimer ».
C'est en toute liberté, éclairés par le dialogue autour du récit évangélique en lien avec le regard porté sur leur vie qu'ils pourront commencer à formuler leur propre réponse de foi.

Enjeu de l'étape 1 « Pour vous qui suis-je ? »

Cheminer dans la foi, c'est s'approprier la question « Pour vous qui suis-je ? ». Le cheminement de Pierre avec Jésus aidera les jeunes à se poser la question de leur propre relation au Christ

Objectifs

- Réfléchir à la question : En quoi je crois ?
- Découvrir la profession de foi de Pierre
- Se poser la question : Qui est le Christ pour moi ?

Matériel

- Plusieurs post-it® par personne
- Un tableau ou une grande feuille

Chant

- Ils deviennent chemin, n° 7

Déroulement

1er pas

- Introduire ce module en reprenant avec les jeunes ce qui a été vécu au cours des modules précédents. Insister sur le fait que ce module va permettre à chacun de se poser la question de ce en quoi il croit et de mieux découvrir la foi de l'Église.
- Écrire le verbe « croire » au tableau ou sur une grande feuille. Demander aux jeunes ce que ce verbe signifie (dans son sens très large), en quoi l'on peut croire. Trouver des expressions où ce verbe est utilisé (par exemple : « Je crois qu'il fera beau demain, je crois que tu réussiras, je crois en l'amitié, *etc.* »).
- Donner à chaque jeune plusieurs post-it® et leur demander : « Et toi, en quoi crois-tu ? ».
- Écrire une réponse personnelle par post-it®. On peut suggérer de commencer la phrase par « Je crois… ».

> *Attention de ne pas demander une profession de foi aux jeunes. La question est très large : elle va aider à comprendre ce que l'on met derrière le verbe « croire ». Ne pas écarter des réponses comme « je crois en mes parents, en l'amitié », etc.*

- Rassembler et coller les post-it® à la suite du verbe « croire ». Les lire et les commenter.
- Pour compléter le dialogue lire ensemble les questions des pp. 4-5 du livret jeune.
- Puis demander aux jeunes : « Parmi toutes ces expressions, les vôtres et celles du livret, qu'est-ce qui vous paraît vital ? »
- Entourer ou regrouper les post-it® correspondant aux réponses.

2e pas

- Lire le texte Mt 16,13-17 dans la bible. On peut s'aider de « Comment lire le texte ? » et « Ça veut dire quoi ? » pp. 8-9 du livret jeune pour aborder le texte.
- Demander aux jeunes : « Qu'est-ce qui est vital pour Pierre ? »

3e pas

- Relire les versets 13-14, s'aider du « portrait des personnages » pp. 8-9 du livret jeune.
- Demander aux jeunes de dire ce qu'ils connaissent de Jésus et ce qui exprime le mieux qui il est pour eux.
- L'équipe se met d'accord pour choisir un mode d'expression qui fasse comprendre aux autres qui est Jésus pour eux : une publicité sous la forme souhaitée.
- Observer la mascotte pp. 8-9 « En route ! » et donner l'avis de Gabriel.

> **L'avis de Gabriel : Parfois, se poser certaines questions peut rendre heureux ! Il n'est pas toujours facile de croire en Dieu, même pour Pierre ; et pourtant lorsqu'il découvre et déclare à Jésus : « Tu es le Messie, le Fils du Dieu vivant ! » quelle joie pour lui, pour Jésus, et pour tous les croyants !**

Étape 1
« Pour vous qui suis-je ? »

4ᵉ pas

• Proposer un temps personnel en prenant le livret jeune pp. 22-23, étape 1.

• Inviter les jeunes à faire silence avant de répondre à la question du livret. Pour les aider à faire silence vous pouvez les guider paisiblement.

» Le chemin du silence

- Se mettre à l'aise et se détendre, s'installer dans une bonne position.
- Penser à la scène de l'évangile. Imaginer Jésus au milieu des disciples.
- Se souvenir de la question de Jésus « Pour vous, qui suis-je ? » et la réponse de Pierre : « Tu es le Messie, le Fils du Dieu vivant ! »

• Lire la question : « Et pour toi, qui est Jésus ? »

• Là encore, après un temps de silence, proposer aux jeunes d'écrire leur réponse dans l'espace prévu dans leur livret.

• Puis, entrer dans le temps de prière en traçant le signe de croix.

• Chanter « Ils deviennent chemin », livret jeune p. 27.

• Relire le texte de Matthieu. Après un temps de silence, répéter le verset 17 : « Heureux es-tu, Simon fils de Yonas : ce n'est pas la chair et le sang qui t'ont révélé cela, mais mon Père qui est aux cieux. »

« Pierre, lorsque Jésus demande "Pour vous qui suis-je ?" sans hésiter tu lui réponds : "Tu es le Messie". Et Jésus te dit alors que la foi est comme un cadeau : elle est un don qui te montre son Père.

Pierre, apprends-nous à répondre avec amour et vérité à la question de Jésus.

Aide-nous à découvrir la foi comme un cadeau pour vivre.

Guide-nous pour rencontrer Jésus et reconnaître son Père, Notre Père.

• Avec tous ceux qui entendent la question de Jésus "Pour vous qui suis-je ?" disons ensemble la prière que Jésus nous a donnée : Notre Père… »

• Chanter « Ils deviennent chemin ».

• Tracer le signe de croix.

Inviter les jeunes à prier le soir en disant lentement la prière du *Notre Père*.

Étape 2
« Écoute ! »

Quelques repères pour les catéchistes

Pour lire la bible

« Quand je rencontrais tes paroles, Seigneur, je les dévorais ; elles faisaient ma joie, les délices de mon cœur. » (Jr 15,16)

Il n'est pas nécessaire d'avoir beaucoup de connaissances pour se plonger dans la lecture de la bible. Une certaine crainte peut cependant s'emparer du lecteur : soixante-treize livres écrits sur environ 1000 ans d'histoire, dans trois langues différentes, concernant deux grandes religions, le judaïsme et le christianisme, qui s'en réclament et les traduisent... Mais lorsque cette « crainte » est dépassée, l'aventure humaine et spirituelle qui s'y déroule saisit le lecteur.

Écriture Sainte et Parole de Dieu

La bible est un livre, plus précisément une collection de livres (« bible » vient du grec *biblia*, qui est un neutre pluriel : les livres). La liste de ces livres a été fixée par la tradition et l'autorité de l'Église : il s'agit du canon des Écritures. Ce canon des Écritures (pour les catholiques) a retenu soixante-treize livres : nous sommes donc devant une véritable bibliothèque, qui rassemble les écrits que Dieu a inspirés à des auteurs au cours de l'histoire. La bible se partage en deux grandes parties : l'Ancien Testament (ou Premier Testament) et le Nouveau Testament (ou Second Testament), deux ensembles qui sont étroitement unis, l'Ancien préparant le Nouveau, le Nouveau accomplissant l'Ancien.

La bible est un livre, certes, mais pour nous, chrétiens, il s'agit de l'Écriture Sainte. Lorsque nous employons l'expression « Écriture Sainte », nous exprimons déjà notre foi. Ce qui est écrit est Saint. C'est la Parole de Dieu. La bible ne devient Écriture Sainte, puis Parole de Dieu que par l'action du Saint Esprit dans le cœur et l'esprit de ceux qui la lisent ou qui l'écoutent, par la vie de foi et la charité.

D'un point de vue littéraire

La plupart des livres de la bible sont nés de prédications, d'enseignements donnés par des prophètes, des évangélistes, des apôtres et par Jésus. On y trouve des discours qui ont d'abord été parlés, et ensuite mis par écrit.

Le christianisme n'est pas une « religion du livre », étant donné que la Parole de Dieu s'est faite chair, s'est révélée dans la personne du Christ, Verbe fait chair. La bible est un livre inspiré à des hommes par Dieu. Les auteurs des différents livres saints sont des personnes qui ont été inspirées par l'Esprit Saint. Ils ont procédé comme tout auteur, ils ont réuni des documents et entrepris des enquêtes, comme Luc l'indique au début de son évangile, ou bien ils ont travaillé à plusieurs, avec des collaborateurs. Paul en mentionne quelques-uns. Ils ont certainement rédigé des brouillons et leur texte a parfois été remanié.

La rédaction des livres bibliques et leur « réception » en tant que livres inspirés constituent un processus progressif, qui s'est mis en place et s'est achevé durant les premiers siècles de l'Église. Aujourd'hui encore, à travers la proclamation, l'étude ou la méditation de ces livres, nous sommes invités à notre tour à « recevoir » ces livres, à les accueillir, en faire notre nourriture puis à les transmettre.

Les textes originaux de la bible ont été écrits en hébreu, en araméen et en grec pour l'Ancien Testament, et uniquement en grec pour le Nouveau Testament. Au début du 5e siècle, saint Jérôme a établi la première traduction latine scientifique de la bible, qui a servi de référence pendant des siècles (la Vulgate). La bible est le livre qui a été le plus souvent recopié durant le Moyen Âge, puis le premier livre à être imprimé au 15e siècle. Il est aujourd'hui le livre le plus lu et le plus traduit dans le monde.

La variété des genres littéraires donne une grande richesse à la bible. Tous les livres n'ont pas été écrits en même temps et, à les confronter, le lecteur est étonné par la grande diversité à la fois des écrivains et des publics auxquels ils s'adressent.

Le texte le plus ancien de la bible n'est pas, comme on pourrait le penser, celui du livre de la Genèse, le premier livre de la bible. Les chercheurs s'accordent aujourd'hui à reconnaître que ce sont des parties du livre du prophète Amos, qui furent écrites vers 750 av. J.-C. Quant au livre le plus récent de l'Ancien Testament, il s'agit du livre de la Sagesse, écrit en Égypte, à la fin du 1er siècle avant notre ère.

Les textes les plus anciens du Nouveau Testament sont les lettres de Paul, à partir de l'an 50. Le plus récent est l'Apocalypse, vers l'an 100. Ils furent rédigés dans des pays différents, tels que la Judée, la Syrie, la Grèce, ou en Asie Mineure… Ils sont souvent fortement marqués et influencés par les débats qui ont eu lieu chez les chrétiens à la fin du 1er siècle. Tous proclament que le Christ est ressuscité, cela est une base commune et certaine, mais chaque communauté interprète ensuite de façon particulière ce qui est le cœur de la foi chrétienne et les manières de la vivre. De manière sommaire, on peut classer les textes en sept catégories principales qui peuvent même, parfois, se mêler dans le même ouvrage : les récits, les commandements, les prophéties, les prières, les propos de sagesse, les apocalypses, les lettres.

Quand et comment la lire ?

La bible peut être abordée de multiples façons : à la messe du dimanche, travaillée avec d'autres chrétiens, lue ou méditée seul, partagée en famille, priée avec la communauté chrétienne ou dans la prière personnelle et quotidienne…

Benoît XVI, à l'occasion d'un discours au mois d'avril 2009, donne quelques repères pour comprendre comment la bible et la tradition sont intimement liées : « Le concile Vatican II indique trois critères toujours valables pour une interprétation de l'Écriture Sainte conforme à l'esprit qui l'a inspirée. Tout d'abord, il faut prêter une grande attention au contenu et à l'unité de toute l'Écriture : ce n'est que dans son unité qu'elle est l'Écriture. En effet, bien que les livres qui la composent soient différents, l'Écriture Sainte est une en vertu de l'unité du dessein de Dieu, dont le Christ Jésus est le centre et le cœur (*cf.* Lc 24,25-27 ; Lc 24,44-46). En second lieu, il faut lire l'Écriture dans le contexte de la tradition vivante de toute l'Église. Selon une formule d'Origène, "l'Écriture Sainte est écrite dans le cœur de l'Église avant que sur des instruments matériels". En effet, l'Église porte dans sa Tradition la mémoire vivante de la Parole de Dieu et c'est l'Esprit Saint qui lui donne l'interprétation de celle-ci selon le sens spirituel (*cf.* Origène, *Homiliae in Leviticum*, 5, 5). Comme troisième critère, il est nécessaire de prêter attention à l'analogie de la foi, c'est-à-dire à la cohésion des vérités de foi individuelles entre elles et avec le plan d'ensemble de la Révélation et la plénitude de l'économie divine renfermée en elle. » (*cf.* Discours du Pape Benoît XVI aux membres de la commission biblique pontificale, le 23 avril 2009, Librairie Éditrice du Vatican).

Comment en parler avec les jeunes ?

Qui de nous n'a jamais conservé précieusement, dans un lieu propice et discret, une lettre ou un simple petit mot (autographe, par exemple) écrit par une personne chère ou bien un livre que nous aimons particulièrement et qui nous suit partout ? Avec l'Écriture Sainte, c'est un peu la même chose : voici des mots, des paroles prononcés pour nous par quelqu'un qui nous aime d'une manière incroyable, inconditionnelle, et par quelqu'un que nous sommes invités à choisir comme ami et à aimer.

Cela peut nous aider à voir comment entrer en relation avec cette Parole de Dieu : un livre que j'aime beaucoup, je ne le laisse pas dans un tiroir, au fond d'une armoire. Il est dans mon sac ou sur ma table de nuit. La lettre d'une personne aimée, je ne la laisse pas traîner n'importe où dans ma chambre, mais je lui attribue une place particulière. Ensuite, il faut oser ouvrir ce livre impressionnant. Le plus simple est de commencer par quelques épisodes de la vie de Jésus, dans les Évangiles, ou alors, dans l'Ancien Testament, par les petites histoires comme celles de Tobie, de Jonas. Il faut oser, avoir de l'audace, et ne pas se laisser rebuter par le vocabulaire.

Nous allons rencontrer des gens, des sentiments, de la violence, des relations, *etc.* Nous allons nous laisser entraîner dans un monde qui est à la fois le nôtre et celui de Dieu, un monde où nous allons pouvoir entrer en relation, faire alliance, conclure une amitié.

Lorsque nous avons découvert quelques-uns des trésors de la bible, nous sommes parmi ces « bienheureux » à qui Jésus Christ s'adresse dans les Béatitudes, nous aimons et nous nous savons aimés.

Enjeu de l'étape 2 « Écoute ! »

À la fin de cette étape les jeunes auront été initiés à la structure de la bible. En découvrant la manière dont la bible a été écrite et transmise, les jeunes comprendront son rôle pour les croyants. Ils prendront conscience que Dieu se révèle dans l'histoire des hommes : la bible en témoigne

Objectif

- Découvrir la bible

Matériel

- Une bible pour chaque jeune ou une pour deux
- Le livret jeune
- Les cartes versets « Qui es-tu Seigneur ? » (*cf.* Supplément du catéchiste)
- La frise « Parole de Dieu à travers les âges », Éditions CRER

Chant

- Ils deviennent chemin, n° 7

Déroulement

1er pas

- Se souvenir de l'étape précédente en s'aidant du livret jeune p. 30, étape 1 (dis/ci/ples/, fils/ de l'/hom/me/, jean/bap/tiste/, é/lie/, jé/ré/mie/, pro/phè/te/, qui/, mes/sie/, dieu/vi/vant/, heu/ reux/, si/mon/pier/re/, yo/nas/, ré/ve/le/, pè/re).
- Se rappeler la question de Jésus et la réponse de Pierre ; redire, avec le verset 17 du texte de Matthieu (« Heureux es-tu, Simon fils de Yonas : ce n'est pas la chair et le sang qui t'ont révélé cela, mais mon Père qui est aux cieux. ») que la foi est un don de Dieu.
- Introduire un temps de prière.
- Chanter « Ils deviennent chemin ».
- Le catéchiste dit : « Pour nous conduire sur le chemin de la foi, Seigneur tu as donné ton Fils Jésus. Sa Parole nous révèle qui tu es et nous conduit vers toi. »

(Pendant ce temps de signation on peut mettre un fond musical calme et priant pour favoriser le recueillement.)

« C'est Dieu qui vous appelle à devenir les amis de Jésus, son Fils. C'est pourquoi nous allons tracer sur nous le signe de la croix, signe de son amour :

Marquons nos oreilles du signe de la croix, pour que nous entendions ce que dit Jésus Christ. (signation des oreilles)

Marquons nos yeux du signe de la croix, pour que nous voyions ce que fait Jésus Christ. (signation des yeux)

Marquons nos lèvres du signe de la croix, pour que nous sachions répondre à Jésus Christ. (signation des lèvres)

Marquons notre cœur du signe de la croix, pour que nous sachions accueillir Jésus Christ. (signation de la poitrine)

Marquons nos épaules du signe de la croix, pour que nous ayons en nous la force de Jésus Christ. (signation des épaules)

Marquons-nous tout entier du signe de la croix, au nom du Père, du Fils et du Saint Esprit pour que nous vivions avec Jésus maintenant et toujours, Amen. » (d'après la prière du rite de l'Ephata. *Rituel du baptême des enfants en âge de scolarité*, pp. 24-25, éditions Chalet-Tardy, 1993).

- Ensemble nous avons commencé à croire, écoutons maintenant la Parole de Dieu : « Ta parole est la lumière de mes pas, la lampe de ma route. » (Ps 118,105) et répétons ensemble ce verset.
- Chanter « Ils deviennent chemin ».

2e pas

- Le catéchiste dit : « Cette Parole que Dieu donne aux hommes pour avancer dans la foi, nous allons la découvrir dans la bible. »
- Distribuer une bible à chacun (ou une pour deux).
- S'aider du livret jeune aux pp. 10-11 pour observer la structure de la bible, ce qu'elle a de particulier et comment on peut s'y repérer.

Étape « Écoute ! » 2

• Le catéchiste dit : « La bible est l'histoire de la rencontre et de l'Alliance de Dieu avec les hommes. Dans leur vie de tous les jours, des hommes et des femmes (des patriarches, des prophètes, des rois) parlent de leur rencontre avec Dieu. Voyons ce que ces croyants, depuis des siècles et des siècles, disent de lui. »

• Disposer les « cartes versets » à l'envers sur la table.

• Se mettre par binôme. Chaque binôme prend quatre ou cinq « cartes versets » (en fonction du nombre de jeunes, on peut reproduire plusieurs fois les « cartes versets ») et cherche les références dans la bible.

• Le catéchiste demande : « Que disent de Dieu les croyants ? ». Chaque binôme fait part aux autres des expressions qui l'ont marqué et dit qui les a énoncées (on peut aussi situer les personnages sur la frise) et dans quelle partie de la bible ces versets se situent (Ancien ou Nouveau Testament).

• Chaque jeune choisit un verset qui le touche particulièrement.

3e pas

• Demander aux jeunes si, pour eux, Dieu est parfois un guide, si la Parole de Dieu est un guide. S'aider des pp. 12-13 du livret jeune, « Alors, c'est quoi la bible pour toi ? ». Se demander ce que l'on peut faire pour que la Parole de Dieu devienne un guide pour notre vie. À la manière des auteurs des versets que l'on vient de découvrir, proposer aux jeunes d'écrire leurs « versets ».

• Choisir une expression : par exemple « Dieu tu es… » et écrire une situation qui découle de ce qui est dit de Dieu : par exemple « Dieu tu es fort… ta force m'aide à traverser les moments difficiles ». Nommer des situations précises.

• Demander aux jeunes s'ils connaissent des personnes qui, d'après eux, se laissent guider par la Parole de Dieu.

4e pas

• Observer la mascotte pp. 12-13 et donner l'avis de Gabriel.

> **L'avis de Gabriel : Dieu a un grand projet d'amour pour chacun : qu'il soit heureux. Il nous donne sa Parole pour nous aider. La bible est cette Parole de bonheur. Elle est un guide pour vivre et être relié à Dieu et aux autres. Alors, laisse-toi guider ! Écoute !**

• Inviter les jeunes à entrer dans le silence et la prière.

• Chanter « Ils deviennent chemin ».

• Lire les versets écrits par l'équipe au 3e pas.

• Reprendre le refrain du chant.

• Proposer un temps personnel en prenant le livret jeune pp. 22-23, étape 2.

• Le catéchiste lit le verset 105 du Psaume 118 (119) : « Ta parole Seigneur est une lampe pour mes pas, une lumière sur ma route ». Après un temps de silence, proposer aux jeunes d'écrire leur « verset » (et éventuellement le verset biblique choisi au 2e pas) dans leur livret pp. 22-23.

• Chanter « Ils deviennent chemin ».

• Dire ensemble la prière du *Notre Père*.

• Tracer le signe de croix.

Pour la prochaine rencontre, demander aux jeunes d'apporter des matériaux pour réaliser une petite maison (petits morceaux de branchage, de bois, de carton, *etc.*).

Inviter les jeunes à prier le matin avant de se lever en disant le verset 105 du Psaume 118.

Étape 3
« Bâtir sur le roc »

Le texte biblique

Les deux maisons [**Mt 7,24-27**]

[24] *« Tout homme qui écoute ce que je vous dis là et le met en pratique est comparable à un homme prévoyant qui a bâti sa maison sur le roc.* [25] *La pluie est tombée, les torrents ont dévalé, la tempête a soufflé et s'est abattue sur cette maison ; la maison ne s'est pas écroulée, car elle était fondée sur le roc.* [26] *Et tout homme qui écoute ce que je vous dis là sans le mettre en pratique est comparable à un homme insensé qui a bâti sa maison sur le sable.* [27] *La pluie est tombée, les torrents ont dévalé, la tempête a soufflé, elle a secoué cette maison ; la maison s'est écroulée, et son écroulement a été complet. »*

Quelques repères pour les catéchistes

Pour lire le texte

Les discours dans l'évangile de Matthieu

L'évangile de Matthieu s'organise autour de cinq discours :

- le discours sur la montagne (Mt 5,1-7,27),
- le discours sur la mission (Mt 10,5b-42),
- le discours en paraboles (Mt 13,1-52),
- le discours sur l'Église (Mt 18,1-35),
- le discours sur la fin (Mt 24,1-25,46).

Le discours ou sermon sur la montagne est précédé par des guérisons et un enseignement de Jésus dans les synagogues. Ce sermon s'adresse à des personnes qui déjà suivent Jésus et en acceptent les exigences. Il s'inscrit dans la Loi juive mais la dépasse, pour donner aux disciples une charte qui ressemble à sa vie : il est et il fait ce qu'il dit.

Le discours sur la montagne

Le discours sur la montagne se divise en trois parties :

- Une introduction (Mt 5,3-16) : avec les Béatitudes, les exigences données par le Christ aux disciples sont présentées comme un chemin de bonheur pour le Royaume de Dieu.
- Le corps du discours (Mt 5,17-7,12) : enraciné dans la loi et les prophètes, Jésus annonce cependant la nouveauté et la radicalité de la Bonne Nouvelle.
- La conclusion (Mt 7,13-27) est une invitation à agir à la suite du Christ. Fidèle à la tradition biblique, Matthieu utilise quatre séries d'images mettant en jeu des situations opposées. Les deux portes et les deux chemins, le bon arbre et le mauvais arbre, le dire et le faire, la maison bâtie sur le sable et la maison bâtie sur le roc, toutes ces images illustrent une même conviction : deux voies sont toujours possibles, l'homme juste choisira celle qui révèle le Royaume de Dieu.

« Le roc et la maison »

En ouverture de ce discours, les Béatitudes montrent le chemin du bonheur. En conclusion, la parabole des deux maisons lance un défi : pour faire la volonté du Père, pour être sauvé, il faut choisir et ne pas se tromper de sol !

La parabole s'inspire d'images bibliques simples et fortes : la maison, le roc. Dès le Deutéronome, l'image du roc ou du rocher est utilisée pour dire combien les hommes peuvent s'appuyer sur le Dieu d'Israël. C'est sur lui que Moïse compte pour sortir son peuple de l'esclavage ; c'est lui qu'il désigne dans le Cantique au Rocher d'Israël en Dt 32,3-4 : « Magnifiez notre Dieu. Le Rocher : parfaite est son œuvre ».

Souvent les psaumes font appel à Dieu en l'invoquant ainsi : « Je t'aime Seigneur, ma force. Le Seigneur est mon roc… » (Ps 18,2-3) ou bien encore « Venez, crions de joie pour le Seigneur. Acclamons notre Rocher, notre Salut » (Ps 95,1). De nombreux livres de l'Ancien Testament reconnaissent Dieu dans cette image. Il est le fondement inébranlable, celui sur lequel on peut se tenir et même bâtir sa maison : « Si le Seigneur ne bâtit la maison, les bâtisseurs travaillent en vain » (Ps 127,1). Il n'est donc pas surprenant que Jésus reprenne cette image pour parler de son Père.

Étape 3 « Bâtir sur le roc »

La maison est souvent évoquée dans la bible : elle désigne à la fois l'édifice et la famille : elle est le lieu de vie des hommes, le symbole de la vie qui se construit et s'installe, la famille qui s'agrandit et se lie à d'autres. Elle désigne souvent la qualité de la construction : les poutres de la maison sont de cèdres (Ct 1,17), des maisons d'argiles (Jb 4,19), mais au-delà des matériaux utilisés, ce sont les choix, les fondements du bâtisseur qui sont visés : celui qui bâtit sa maison au dépend d'autrui, est comme celui qui ramassait des pierres pour son propre tombeau (Si 21,8), un torrent déferle contre la maison de l'impie (Jb 20,28) ; la sagesse a bâti sa maison (Pr 9,1).

Ces images simples permettent à la parabole de parler par elle-même : il s'agit maintenant de mettre en pratique les paroles de Jésus. L'autorité de son enseignement est confirmée par l'injonction du passage à l'acte. Désormais, le disciple est renvoyé à sa liberté et à sa décision de suivre ou ne pas suivre le Christ... de construire sa maison sur le sable ou sur le roc.

« Il enseigne en parabole »

Qu'est-ce qu'une parabole ?

« Parabole » vient d'un mot grec qui veut dire comparaison.

Dans les évangiles, une parabole est une histoire racontée par Jésus. La parabole est marquée par le contexte : un lieu, la Palestine ; une époque, le temps de Jésus. En outre, elle est située par l'évangéliste à un certain moment de son récit : en réponse à une question posée à Jésus ou dans la suite d'un enseignement.

C'est une histoire qui se présente comme un récit de la vie quotidienne : un paysan qui sème son blé, un homme attaqué par des bandits, un homme qui construit sa maison, des fils qui ont des rapports difficiles avec leur père... Pour rendre la réalité plus évidente, Jésus utilise un vocabulaire plein de contrastes : petit-grand, enfouir-lever, chercher-trouver, passer-s'arrêter. À un certain moment, le récit déroute. Il y a une rupture, une exagération dans le récit, une anomalie : le moutardier devient un arbre, le semeur est particulièrement maladroit, un père organise un festin pour son fils prodigue, le Samaritain s'arrête pour venir en aide à un étranger, l'ouvrier de la dernière heure est payé comme celui qui a travaillé depuis le matin... L'auditeur perçoit que Jésus ne parle plus de la vie de tous les jours, il est amené à s'interroger : que veut dire Jésus par la comparaison qu'il emploie ?

Pourquoi Jésus utilise-t-il la parabole ?

La parabole capte l'attention, le cœur, car elle rejoint l'auditeur dans sa vie.

Dans la parabole, Jésus cherche à communiquer quelque chose de profond, son expérience intérieure. La parabole est, de ce fait, intraduisible. Certes, elle peut être transformée en allégorie : « La maison, c'est... », mais tout ne peut être dit de ce qui est caché dans la comparaison. Plus qu'un enseignement, la parabole est révélation : elle dévoile quelque chose du mystère de Dieu.

De plus, elle laisse l'auditeur libre. Jésus invite : « Celui qui a des oreilles pour entendre, qu'il entende ! » (Lc 8,8). Il invite à comprendre et à se convertir au monde nouveau du règne de Dieu ; la parabole provoque l'auditeur, elle le pousse à prendre une décision, mais elle le laisse libre de son choix.

Comment en parler avec les jeunes ?

Tout d'abord, ce texte est une parabole. Il est donc important de la présenter comme telle et de ne pas aller trop vite vers une interprétation.

Ne pas oublier :

- de la situer dans le temps et le lieu. La parabole est pour nous aujourd'hui. Des manières de faire ou de dire doivent être expliquées pour qu'elles ne fassent pas écran à la compréhension de l'histoire ;
- de montrer comment elle s'inscrit dans le récit évangélique, à quelle question Jésus répond ;
- de découvrir la dynamique du récit : lieux, personnages, actions. Et d'en voir le côté surprenant.

Éviter :

- d'entrer trop vite dans le jeu des comparaisons et de donner une clé d'interprétation pour chaque élément de l'histoire ;

- d'en tirer une conclusion moralisante à la place de l'auditeur. Exemple : « Pour construire sa maison sur le roc, il faut être comme ceci ou comme cela, faire ceci ou faire cela... »

Suit alors un appel à se regarder soi-même. Même si la distinction peut paraître minime au niveau de l'agir, la démarche de conversion chrétienne suit un autre processus : elle invite à sortir de soi pour regarder, écouter Jésus Christ ; elle est réponse personnelle à l'incitation de l'Esprit.

Laisser les jeunes imaginer les fondements de leur propre maison en se laissant guider, comme les disciples, par les paroles et les actes de Jésus.

Enjeu de l'étape 3 « Bâtir sur le roc »

À la fin de cette étape les jeunes découvriront que l'Écriture Sainte peut devenir Parole vivante pour grandir dans la foi

Objectifs

- Apprendre à accueillir la Parole de Dieu qui nous révèle le Christ
- Faire le lien entre la parabole et la vie des jeunes

Matériel

- Une bible
- Le livret jeune
- Annexe « Comment construire le socle et les maisons ? »
- Une icône ou représentation du Christ
- Des votives

Chant

- Plus près de toi, mon Dieu, n° 2 « Heureux d'aimer » p. 27

Déroulement

1er pas

- Se souvenir de l'étape précédente en s'aidant du livret jeune p. 30, étape 2. (1. Alliance ; 2. Sainte ; 3. Jésus Christ ; 4. Judith ; 5. Prophètes ; 6. Genèse ; 7. Évangile ; 8. Paul ; A. Testament ; B. Bible ; C. Épitre ; D. Luc ; E. Pentateuque ; F. Hébreu ; G. Septante ; H. Grec ; I. Canon ; J. Apocalypse)
- Redire que Jésus Christ, par sa vie, ses paroles, ses actes, révèle Dieu son Père, et que cette révélation nous est transmise par la Parole de Dieu.
- Lire le texte de Mt 7,24-27 dans le livret jeune p. 14.
- Dire que ce texte est une parabole. Demander aux jeunes s'ils savent ce qu'est une parabole, s'ils en connaissent d'autres. S'aider de l'encadré « Qu'est-ce qu'une parabole ? » dans le livret jeune p. 15. Découvrir le texte en s'aidant de « Comment lire le texte ? » dans le livret jeune p.14.
- S'arrêter sur le verset 24.

> *Cette parabole conclut le discours sur la montagne. Ainsi le disciple est celui qui écoute et qui met en pratique ce que Jésus dit dans les deux chapitres précédents. Afin que les jeunes saisissent le contenu de ce premier enseignement de Jésus, quelques versets et illustrations de ces chapitres sont proposés aux pp. 14-15 du livret jeune. Ils seront le point de départ de cette étape.*

- Découvrir, en s'aidant des versets et illustrations des pp. 14-15, ce que les disciples doivent mettre en pratique.
- Qu'est-ce qui fait dire que ce que Jésus dit, il le fait ? Les évangiles montrent Jésus qui agit au nom de Dieu, son Père : il fait des miracles, il parle en paraboles et enseigne, il prie, il donne sa vie, il pardonne, il appelle ses disciples, il est ressuscité.

Étape 3
« Bâtir sur le roc »

- Lire les versets. Puis l'équipe choisit quatre ou cinq versets. Entamer un débat (d'accord/pas d'accord) à partir d'un verset en séparant l'équipe en deux groupes : un groupe défend la position « d'accord avec ce verset », un autre défend la position « pas d'accord avec ce verset » (le catéchiste est médiateur).
- Chaque groupe travaille avant ses arguments :
  - Que veut dire ce verset ? Qu'en pensez-vous ?
  - Pourquoi Jésus dit-il cela ?
  - Qu'est-ce qui vous surprend ?
  - Est-ce juste ?
  - Quelles conséquences cela peut-il avoir ?
- Débattre à partir d'autant de versets que l'équipe le souhaite.
- Se demander pourquoi Jésus dit cela.

Attention : cet exercice ne doit pas moraliser les versets, mais les mettre en lumière comme une Parole de Dieu qui peut guider notre vie et orienter nos choix. Les jeunes découvriront quelques versets de l'enseignement de Jésus pour voir que cette Parole les concerne et peut rejoindre leur vie.

- Chacun choisit une citation qui lui parle le plus et dit pourquoi.

2e pas

- Construire le socle qui recevra plus tard les maisons (*cf.* Annexe).
- Chaque jeune grave ou écrit un verset et ses initiales. Pendant la réalisation, demander aux jeunes pourquoi à leur avis, on écrit ces versets sur le socle. Que représente le socle ?

Le catéchiste peut introduire lors de ce dialogue que l'Église est le socle, la garante de la Parole de Dieu. Chacun peut se reposer sur les autres chrétiens, sur la communauté chrétienne pour grandir dans la foi.

3e pas

- Dire qu'après avoir bâti le socle, on va découvrir ce que l'on peut installer sur ce socle.
- Relire le texte de Mt 7,24-27.
- Revenir au texte v. 25-27 en s'aidant du livret jeune pp. 14-15 :
  - À qui s'adresse ce texte ?
  - Que signifient la pluie, les torrents, la maison sur le roc, la maison sur le sable ?
- Regardons quelqu'un qui a bâti sa vie sur le Christ : saint Martin (*cf.* « Carnet de visite », livret jeune pp. 24-26) :
  - Quels ont été « ses torrents et ses pluies » ?
  - Quelle maison a-t-il construit ?
  - Sur quoi a-t-il bâti sa vie ?
- Regarder aussi les pp. 6-7 et se demander sur quoi repose la vie de ces croyants, quelle Parole de l'Évangile a pu les guider ?

4e pas

- Chaque jeune construit sa maison (*cf.* Annexe).
- Pendant la réalisation des maisons, le catéchiste dialogue avec les jeunes en cherchant quels sont parfois « nos pluies et nos torrents », sur quoi et sur qui nous pouvons nous appuyer pour grandir, *etc.*
- Regrouper toutes les maisons sur le socle en posant chacune d'elle sur le verset que le jeune a écrit.
- Dire que ce village est un peu comme l'Église et chercher ensemble pourquoi.
- Observer la mascotte pp. 14-15 « En route ! » et donner l'avis de Gabriel.

L'avis de Gabriel : Construire une maison est un long travail. Pour bâtir notre vie avec le Christ, Dieu nous donne quelques pistes : sa Parole à écouter et à vivre avec les autres. Être heureux de croire, c'est vivre en recevant la foi comme un cadeau à partager.

- Proposer un temps personnel en prenant le livret jeune pp. 22-23, étape 3.
- Inviter les jeunes à faire silence avant de répondre à la question du livret. Pour les aider à faire silence vous pouvez les guider paisiblement : se mettre à l'aise et se détendre, s'installer dans une bonne position.
- Visualiser la scène de la parabole. Dire le verset 25.

- Lire la question : « Et toi, de quoi as-tu besoin pour grandir et construire ta vie ? ».
- Là encore, après un temps de silence, proposer aux jeunes d'écrire leur réponse dans l'espace prévu dans leur livret (on peut suggérer de reprendre le verset qu'ils ont écrit sur le socle… ou autre chose…).
- Entrer dans le temps de prière en traçant le signe de croix.
- Chanter « Plus près de toi, mon Dieu ».
- Rassembler les maisons autour d'une bible ouverte et d'une icône ou d'une représentation du Christ, allumer une votive.
- Prière : « Que rien ne te trouble, que rien ne t'effraie. Tout passe. Dieu ne change pas. La patience tout obtient. Qui possède Dieu ne manque de rien. Dieu seul suffit. » Thérèse d'Avila. Dans « Prières pour tous les jours » recueillies par A.-S. du Bouëtiez, Bayard Jeunesse, 2008 (*Cf.* livret jeune p. 21).
- Dire ensemble le *Notre Père*.
- Chanter « Plus près de toi, mon Dieu ».

Inviter les jeunes à prier chaque jour avec la prière de sainte Thérèse p. 21 du livret jeune.

Annexe

Comment construire le socle et les maisons ?

Le socle

Une planche de contre-plaqué ou un grand carton sur lequel seront déposées les maisons.

Les maisons

Matériel

- Des blocs de terre sans cuisson
- Des pointes ou des couteaux
- Des rouleaux
- De l'eau

Réalisation

- Donner une boule de terre à chaque jeune.
- Faire un gabarit de la maison en carton (quatre côtés, pas de toit).
- Malaxer la terre pour qu'elle s'assouplisse.
- L'étaler à l'aide d'un rouleau pour former les quatre côtés de la maison (de mêmes dimensions que le gabarit).
- Assembler les côtés avec un mélange d'eau et de terre autour du gabarit.
- Décorer à l'aide d'une pointe ou d'un couteau.
- Possibilité de faire un toit en carton.
- Laisser sécher à l'air libre environ 24 heures.

Variante : il est bien sûr possible de construire des maisons tout en carton en prévoyant des languettes, en décorant chacun des côtés, en perçant des fenêtres, *etc.*

Étape 4
« Il vit et il crut »

Le texte biblique

Les disciples au tombeau de Jésus
[Jn 20,1-10]

1 Le premier jour de la semaine, Marie Madeleine se rend au tombeau de grand matin, alors qu'il fait encore sombre. Elle voit que la pierre a été enlevée du tombeau. 2 Elle court donc trouver Simon-Pierre et l'autre disciple, celui que Jésus aimait, et elle leur dit : « On a enlevé le Seigneur de son tombeau, et nous ne savons pas où on l'a mis. » 3 Pierre partit donc avec l'autre disciple pour se rendre au tombeau. 4 Ils couraient tous les deux ensemble, mais l'autre disciple courut plus vite que Pierre et arriva le premier au tombeau. 5 En se penchant, il voit que le linceul est resté là ; cependant il n'entre pas. 6 Simon-Pierre, qui le suivait, arrive à son tour. Il entre dans le tombeau, et il regarde le linceul resté là, 7 et le linge qui avait recouvert la tête, non pas posé avec le linceul, mais roulé à part à sa place. 8 C'est alors qu'entra l'autre disciple, lui qui était arrivé le premier au tombeau. Il vit, et il crut. 9 Jusque-là, en effet, les disciples n'avaient pas vu que, d'après l'Écriture, il fallait que Jésus ressuscite d'entre les morts. 10 Ensuite, les deux disciples retournèrent chez eux.

Quelques repères pour les catéchistes

Pour lire le texte

Trois disciples

Ce passage de la découverte du tombeau vide est construit autour de trois personnages qui incarnent trois figures de disciples :

- Marie Madeleine, femme pécheresse, venue se jeter aux pieds de Jésus pour les couvrir de ses larmes, et que Jésus a relevée en donnant en exemple son amour (Jn 12,1-8) ;
- Pierre, choisi par Jésus, solide pêcheur mais pauvre pécheur, encore meurtri par son reniement (Jn 18,25-27) ;
- Jean, l'ami fidèle, discret et présent jusqu'au pied de la croix (Jn 19,26).

Et puis il y a un quatrième personnage, que l'on ne voit pas, Jésus, mais qui est mystérieusement le plus présent de tous, puisque les trois autres ne pensent qu'à lui !

Contrairement aux autres récits de découverte du tombeau vide chez Matthieu, Marc et Luc, il n'y a chez Jean aucune présence humaine ni céleste pour donner des indications aux femmes ! Sans même avoir eu besoin d'entrer dans le tombeau, Marie Madeleine a compris qu'il s'était passé quelque chose d'inhabituel puisque la pierre avait été enlevée. Était-ce son « intuition féminine » ? Toujours est-il qu'elle ne peut garder cette découverte pour elle, et qu'elle va prévenir les disciples… mais pas n'importe lesquels ! Pierre est celui que Jésus avait choisi pour bâtir son Église (Mt 16,18), et « l'autre disciple, celui que Jésus aimait » est celui que l'on reconnaît traditionnellement comme étant Jean.

Pourquoi Jean, qui est arrivé le premier, laisse-t-il Pierre entrer d'abord ? Précisément parce que Pierre a reçu de Jésus la mission d'être le chef de l'Église : c'est à lui d'annoncer ! En Pierre, nous pouvons donc voir la figure de l'autorité chargée d'annoncer la Bonne Nouvelle de la Résurrection ; en Jean, nous pouvons voir la figure du croyant appelé à témoigner de sa foi en Jésus mort et ressuscité.

Voir et regarder

Il est intéressant de repérer l'usage du verbe « voir/regarder ». Il est utilisé cinq fois : versets 1, 5, 6, 8, 9. Étrangement, le fait de « voir » est associé à la foi ! Pourtant Jésus dira à Thomas « Heureux ceux qui croient sans avoir vu » (Jn 20,29). Les disciples ont vu et ils ont cru ! Mais ils ont vu… qu'il n'y avait rien à voir de ce à quoi ils s'attendaient ! Ils voient seulement les linges mortuaires. L'ordre dans lequel ils sont

disposés atteste que le corps de Jésus n'a pas été volé (les linges auraient disparu avec le corps, ou auraient été en désordre), mais que Jésus s'en est allé, laissant ses habits dans l'ordre et à la place où ils l'enveloppaient. À la différence de Lazare qui est sorti de son tombeau entouré des bandelettes dans lesquelles il avait été enveloppé (Jn 11,44), Jésus n'a plus besoin de vêtements puisqu'il quitte le monde des humains.
Le texte ne dit pas si Pierre a cru à ce moment-là, mais cela met d'autant plus en valeur la foi de l'autre disciple : « Il vit et il crut ». La pierre enlevée, le tombeau vide, les linges posés à leur place sont pour Jean les signes évidents de la Résurrection. Il n'a besoin de rien d'autre !

Comment en parler avec les jeunes ?

Pour commencer, essayons de préciser ce que n'est pas la Résurrection :

- Ce n'est pas la réincarnation : chacun de nous est unique ! Nous n'avons pas existé sur cette terre avant notre conception, et nous n'existerons pas sur cette terre après notre mort ! Se réincarner signifie quitter notre enveloppe charnelle, au moment de notre mort, pour en habiter une autre. Si cela est vrai, cela signifie que nos proches décédés sont quelque part sur cette terre... Or, ils ne nous contactent pas et nous laissent dans la peine. Ce n'est pas très agréable de penser qu'ils nous laissent seuls avec nos larmes sans se manifester. De plus, la réincarnation permet de se racheter d'une vie mauvaise en s'améliorant dans une autre vie... Cela voudrait dire que Dieu n'est pas capable de nous pardonner !
- Ce n'est pas l'utilisation des « vies » que l'on pourrait gagner comme dans les jeux vidéo !
- Ce n'est pas un retour à la vie, comme Lazare dans l'Évangile. Lazare est revenu parmi les siens, avec le même corps, et il est mort « définitivement » à la fin de sa vie terrestre. Le retour à la vie de Lazare est un signe que Jésus a donné pour ouvrir les cœurs à une nouveauté qu'il allait inaugurer : la Résurrection des morts, une fois pour toutes.

Alors qu'est-ce que la Résurrection ?

Pour aborder ce sujet si difficile, parce qu'il est le cœur de la foi chrétienne, les catéchistes peuvent préparer un petit jeu. Chacune des questions ci-dessous sera écrite sur une carte postale. Les réponses seront photocopiées (*cf.* www.seldevie.fr) et découpées pour qu'à l'issue de la rencontre, les jeunes puissent les coller dans leur cahier.
Disposer les cartes sur la table, côté illustration. À tour de rôle, les jeunes prennent une carte et posent à tous la question qui s'y trouve. Les jeunes essaient de répondre... Puis le catéchiste lit paisiblement la réponse, et fait réagir les jeunes. À la fin de la rencontre, ils colleront les réponses dans leur cahier.

Jésus est-il devenu un fantôme ?

Les fantômes, dans l'imaginaire, ont l'apparence de personnes qui sont mortes. Depuis toujours, les hommes gardent l'espoir de revoir ceux qui sont décédés, et il arrive que certains aient l'illusion de voir des formes qui leur ressemblent. Mais jamais personne n'a touché un fantôme ! Lorsque Jésus est apparu à ses amis, ils ont pu le toucher, manger avec lui ; Thomas demande à mettre son doigt dans les plaies laissées par les clous, *etc.*
Jésus ressuscité n'est pas un fantôme : c'est vraiment lui avec son corps qui s'est montré aux femmes et aux apôtres. Et puis, si les apôtres n'avaient vu qu'un fantôme, ils n'auraient certainement pas accepté de donner leur vie pour une illusion, en mourant martyrs !

Pourquoi Marie Madeleine, les disciples d'Emmaüs ou les apôtres n'ont-ils pas reconnu Jésus tout de suite quand il leur est apparu ?

Juste après la mort de Jésus, les apôtres et ceux qui l'ont suivi sont tellement tristes et découragés qu'ils ne peuvent que s'enfermer dans leur déception. Ils doivent se demander en eux-mêmes pourquoi ils ont tout quitté pour suivre ce Jésus qui est maintenant dans un tombeau. En fait, ils se regardent eux-mêmes. Et lorsque Jésus vient les rejoindre, ils sont encore dans cet état d'esprit. Il leur faut un petit moment pour comprendre ! Mais une fois que leurs yeux se sont ouverts, ils comprennent tout ! Désormais, ils ne se regardent plus eux-mêmes, mais ils regardent Jésus vivant !

Pourquoi Jésus est ressuscité le troisième jour ?

Si Jésus était sorti tout de suite de son tombeau, tout le monde aurait cru en lui et il n'y aurait plus besoin de croire… Mais Dieu veut nous laisser libres de croire en lui. Jésus avait annoncé lui-même : « Le Fils de l'homme va être livré aux mains des hommes, ils le tueront, et le troisième jour, il ressuscitera » (Mt 17,22-23). Mais ses disciples n'avaient pas compris qu'il parlait de lui. Pendant ces trois jours, Jésus va jusqu'au bout du don de sa vie en vivant l'expérience de la mort, comme nous la vivrons nous aussi. C'est ainsi que nous pouvons croire qu'en quittant le monde des morts, Jésus ressuscité nous entraînera à sa suite.

C'est quoi la « résurrection de la chair » ?

Dans la bible, le mot « chair » ne désigne pas uniquement le corps, mais l'être unique que nous sommes, en relation avec les autres. Après la mort les relations d'amour et d'amitié que j'ai vécues tout au long de ma vie sur terre ne disparaîtront pas. Elles seront comme transfigurées au jour de la résurrection. Quand nous disons que nous croyons à la résurrection de la chair, nous disons que, lorsque nous retrouverons ceux qui nous ont quittés, nous nous reconnaîtrons, non sur notre apparence extérieure, mais sur ce que chacun est dans le cœur des autres.

Si la « chair » au sens biblique ne se réduit pas au corps, il n'en est pas exclu. Elle exprime la nature humaine dans sa fragilité de créature : « le terme chair désigne l'homme dans sa condition de faiblesse et de mortalité. La "résurrection de la chair" signifie qu'il n'y a pas seulement, après la mort, la vie immortelle mais que même "nos corps mortels" reprendront vie. » (*cf. Catéchisme de l'Église Catholique* n° 990).

C'est quoi la vie éternelle ?

Beaucoup de croyants pensent que la vie éternelle commence après notre mort. Il s'agirait d'une nouvelle vie, différente de celle que nous avons sur terre, mais personne ne l'a vraiment décrite ! Avec Jésus, nous découvrons que la vie éternelle n'a ni début, ni fin. On pourrait dire que c'est le royaume dont le roi s'appelle l'Amour. Et l'Amour, c'est Dieu ! L'Amour de Dieu n'a ni début ni fin, il est éternel. Ainsi, la vie éternelle, c'est vivre dans le cœur du Dieu-Amour. Et pour cela, pas besoin d'attendre la résurrection ! Nous vivons déjà dans l'éternité de Dieu, même si nous avons à vivre sur cette terre. Ainsi, lorsque nous mourrons, nous continuerons à vivre dans l'Amour de Dieu, mais différemment. Nous verrons enfin Dieu face à face, et nous serons dans un bonheur qui n'a pas de fin.

Pourquoi Jésus ne m'apparaît-il pas à moi ?

Pendant quarante jours, Jésus s'est montré à ses disciples : ils ont pu parler et manger avec lui. Quelle chance pour eux ! Mais il est ressuscité pour tous les hommes de tous les temps, et pas seulement pour ses disciples ! Il a alors rejoint son Père (c'est l'Ascension), après avoir promis qu'il serait avec tous les hommes mais d'une autre manière qu'avec son corps. Il a envoyé son Esprit Saint (c'est la Pentecôte) pour que d'un bout à l'autre de la terre, et jusqu'à la fin du monde, il soit en même temps présent à tous. Ainsi Jésus ne t'apparaît pas physiquement mais il t'a donné son Esprit Saint pour être avec toi, en toi, à tout instant de ta vie. Jésus est bien présent, et tu peux le rencontrer à travers tous ceux que tu croises dans ta vie, parce qu'eux aussi sont habités de son Esprit Saint. Mais jamais il ne s'imposera à toi. Il te sollicite par le témoignage des apôtres mais il te laisse toujours libre de l'accueillir ou pas.

Est-ce que moi aussi je vais ressusciter ?

C'est ce que les chrétiens appellent l'Espérance ! Nos parents nous ont transmis la vie qu'ils avaient eux-mêmes reçue de leurs parents, *etc.* La grande chaîne de la vie a été donnée par Dieu qui aime les hommes qu'il a créés. C'est-à-dire qu'avant même que nous soyons nés, Dieu nous aimait déjà, et il avait déjà le projet de nous réunir tous dans son Amour. Alors oui, toi aussi, tu vas ressusciter grâce à Jésus qui est vivant et qui t'emmènera avec lui dans le Cœur de Dieu.

Là, tu retrouveras tous ceux qui sont déjà morts et ce sera la grande fête de la Vie qui n'aura pas de fin. L'Espérance de notre propre résurrection sera alors réalisée.

Pourquoi Jésus est-il ressuscité ?
Jésus est à la fois Dieu et homme. Parce qu'il est homme, il a vécu tout ce que nous vivons, de la naissance à la mort. Parce qu'il est Dieu, sa vie n'a pas de fin. La mort n'est pas assez forte pour le retenir ! Jésus est venu de Dieu parmi les hommes pour emmener les hommes à Dieu. Parce que Dieu nous aime, il ne veut pas nous laisser dans la mort : il veut que nous aussi nous partagions sa vie pour toujours. Sa Résurrection, c'est la victoire de la Vie et de l'Amour sur la mort. Si Jésus est ressuscité, c'est pour que nous aussi, nous ressuscitions.

Enjeu de l'étape 4 « Il vit et il crut »

Croire en Jésus Christ, c'est réaliser que la foi chrétienne s'enracine dans la résurrection. Les jeunes seront invités à échanger autour de la question de la vie après la mort

Objectifs

- Découvrir avec Pierre et Jean que Jésus est ressuscité
- Découvrir que la foi nous apporte du dynamisme et nous met en mouvement
- Prendre conscience de ce qui nous aide à croire, de ce qui nourrit notre foi

Matériel

- Une bible
- Le livret jeune
- Photolangage « Résurrection » (*cf.* www.seldevie.fr)
- Une croix

Chants

- Ils deviennent chemin, n° 7
- Marie, témoin d'une espérance, n° 4 « Heureux d'espérer » p. 27

Déroulement

1er pas

- Se souvenir de l'étape précédente en s'aidant du livret jeune p. 31, étape 3.
- Regarder le tableau de Romanelli p. 29 rubrique « Dans ton sac à dos ». Demander aux jeunes de décrire ce qu'ils voient :
  - les lieux,
  - les couleurs et la lumière (où est la source de lumière ? Pourquoi y a-t-il des zones sombres ?),
  - les objets,
  - les personnages.

Demander aux jeunes s'ils ont une idée de la scène représentée.

- Lire le texte de Jn 20,1-10. Découvrir le texte à partir de quelques questions :
  - Où cela se passe-t-il et quand ?
  - Qu'est-ce que les verbes expriment ?
  - Comment les personnages interviennent-ils ?
- Faire le lien avec le tableau de Romanelli :
  - Que retrouve-t-on dans le texte et dans le tableau ?
  - Qui sont les personnages ?
  - De quelle scène s'agit-il ?
  - Quels sont les gestes de Pierre ?
- Puis revenir au tableau :
  - Qu'est-ce qui est différent ?
  - Qu'expriment Pierre et Jean par leur attitude, par leur main, par leur regard ?
  - Que voit Jean qui le pousse à croire ?

Le catéchiste s'aidera de la lecture d'image de l'œuvre de Romanelli pour aider les jeunes à en comprendre les sens. Cf. Annexe.

- Puis le catéchiste invite à poursuivre l'échange : « Si tu étais dans cette scène, quel personnage serais-tu ? »

Étape 4
« Il vit et il crut »

2e pas

• Faire des petits groupes de deux ou trois. Chaque groupe prépare un récit qu'il présentera aux autres à partir de la consigne suivante : « Vous êtes les disciples, racontez ce que vous avez vu et vécu à des amis qui n'ont pas assisté à la scène. Imaginez la suite pour chacun des personnages, y compris Jésus (Marie Madeleine, Pierre et Jean). »

• Les groupes qui ont entendu réagissent : Qu'avez-vous ressenti ? Croyez-vous à ce que vous venez d'entendre ? Pourquoi ? (Mettre en valeur l'importance du témoignage.)

• Le catéchiste s'aidera des repères pour raconter ce qui s'est passé après la résurrection.

3e pas

• Pour les disciples « Christ est ressuscité », ça veut dire quoi, ça change quoi ?

• Le catéchiste demande aux jeunes : « Et pour toi, ça change quoi que le Christ soit ressuscité ? Pour toi, la résurrection c'est quoi ? » S'aider de « Ça veut dire quoi ? » « Jésus ressuscite d'entre les morts » dans le livret jeune pp. 16-17.

• Proposer le jeu de carte (*cf.* p. 73).

• Disposer des photos sur la table. Proposer à chacun d'en choisir deux : une qui pour lui représente la résurrection, une qui exprime ce que la foi en la résurrection donne envie de vivre ou fait faire (*cf.* www.seldevie.fr).

• S'aider du livret jeune pp. 6-7 pour comprendre que la résurrection est au centre de la foi et des actes. Demander aux jeunes ce qui est représenté au centre de la page et pourquoi ? Comment se traduit la foi en la résurrection dans ces différentes photos ?

• Et vous, comment êtes-vous chrétiens ? Sur qui ou sur quoi s'appuyer ? Qu'est-ce qui est difficile ? On peut aider les jeunes en évoquant avec eux le service et l'attention aux autres, la prière, l'écoute de la Parole de Dieu, les sacrements, *etc.*

• Observer la mascotte pp. 16-17 « En route ! » et donner l'avis de Gabriel.

> **L'avis de Gabriel : Notre foi repose sur le témoignage des apôtres, des saints : depuis les apôtres, jusqu'aux témoins d'aujourd'hui, des hommes et des femmes ont cru en la résurrection du Christ et en ont témoigné par leur vie. Croire en la résurrection, c'est le cœur de la foi et le cœur de notre espérance.**

4e pas

• Proposer un temps personnel en prenant le livret jeune pp. 22-23, étape 4, et en entrant dans une attitude de calme et de silence. Lire dans le livret jeune « Simon-Pierre... entre dans le tombeau, et il regarde le linceul resté là, et le linge qui avait recouvert la tête, non pas posé avec le linceul, mais roulé à part à sa place. C'est alors qu'entra l'autre disciple, lui qui était arrivé le premier au tombeau. Il vit, et il crut. » Après un temps de silence, lire la question : « Que vois-tu dans ta vie qui te donne envie de croire à la résurrection ? »

• Puis entrer dans le temps de prière en se rassemblant debout autour de la croix. On peut déposer les photos choisies par les jeunes autour de la croix.

• Tracer le signe de croix.

• Lire le texte de Jn 20,1-8.

• Lire la prière en proposant aux jeunes de répéter les phrases en gras (*cf.* Annexes).

• Chanter « Marie, témoin d'une espérance », le couplet sur la résurrection.

• Dire le *Notre Père* et le *Je vous salue Marie.*

> Inviter les jeunes à prier chaque soir en reprenant l'un des paragraphes de la prière de sœur Emmanuelle p. 21 du livret jeune.

Annexes

Montre-moi, de chaque homme, la face ensoleillée

Seigneur, accorde-moi cette Grâce :
que rien ne puisse troubler ma paix en profondeur,
mais que j'arrive à parler santé, joie, prospérité,
à chaque personne que je vais rencontrer,
pour l'aider à découvrir les richesses qui sont en elle.

Aide-moi surtout, Seigneur, à savoir regarder
la face ensoleillée de chacun de ceux avec qui je vis.
Il m'est parfois si difficile, Seigneur,
de dépasser les défauts qui m'irritent en eux,
plutôt que de m'arrêter à leurs qualités vivantes,
dont je jouis sans y prendre garde.

Aide-moi aussi, Seigneur,
à regarder ta Face ensoleillée,
même en face des pires événements :
il n'en est pas un qui ne puisse
être source d'un bien qui m'est encore caché,
surtout si je m'appuie sur Marie.

Accorde-moi, Seigneur, la Grâce de ne travailler que pour le bien, le beau et le vrai,
de chercher sans me lasser, dans chaque homme,
l'étincelle que tu y as déposée
en le créant à ton image.
Accorde-moi encore d'avoir autant d'enthousiasme
pour le succès des autres que pour le mien,
et de faire un tel effort pour me réformer moi-même
que je n'aie pas le temps de critiquer les autres.

Je voudrais aussi, Seigneur, que tu me donnes
la sagesse de ne me rappeler les erreurs du passé
que pour me hâter vers un avenir meilleur.
Donne-moi, à toute heure de ce jour,
d'offrir un visage joyeux et un sourire d'ami
à chaque homme, ton fils et mon frère.
Donne-moi un cœur
trop large pour ruminer mes peines,
trop noble pour garder rancune,
trop fort pour trembler,
trop ouvert pour le refermer sur qui que ce soit.

Seigneur, mon Dieu, je te demande ces grâces
pour tous les hommes qui luttent aujourd'hui
comme moi,
afin que diminue la haine et que croisse l'Amour,
car depuis ta résurrection, la haine et la mort
ont été vaincues par l'Amour et la Vie.
Ouvre mes yeux à l'invisible
pour que rien n'arrive à ébranler l'optimisme
de ceux qui croient en toi
et qui croient en l'Homme,
qui espèrent en toi
et qui espèrent en l'Homme.

Sœur Emmanuelle

Pierre et Jean devant le tombeau vide

Giovanni Francesco Romanelli est un peintre italien du 17e siècle. Élève de l'école de peinture exigeante et rigoureuse de Rome, il devient rapidement brillant et rejoint dès ses 18 ans l'école des décorateurs de Naples et le courant des maniéristes.
Cette œuvre de Romanelli « Saint Jean et saint Pierre à la tombe du Christ » (Jn 20) est intéressante par différents aspects.

La scène

Elle met en jeu les deux personnages : Pierre et « le disciple que Jésus aimait ». L'un arrive d'abord au tombeau, l'autre rentre en premier. Comme si ces personnages étaient plus importants que l'événement lui-même. Romanelli est fidèle au tableau décrit par Jean. Que montrer du tombeau vide ? L'artiste comme l'évangéliste mettent en valeur les témoins de cette absence : Jean par leur apparition dans le déroulement du texte ; Romanelli par l'attitude des personnages.

L'attitude des personnages

Les deux personnages sont encore dans le mouvement de la marche. La position de leurs jambes, de leurs pieds et de leur corps est dynamique et semble exprimer l'étonnement, la surprise et en même temps l'attention. Tout semble écoute et attente. Les mains de Pierre désignent le linge blanc et l'absence du corps. Il soulève le tissu pour attester le vide et son doigt pointe l'absence. Son buste est penché sur le caveau, sa tête tournée vers Jean. Il le regarde intensément. Jean, lui, regarde le linceul. Son corps suit le même mouvement que celui de Pierre. Il est penché et attentif. Ses bras sont levés ; ses mains ouvertes traduisent la stupéfaction mais peut-être aussi la louange en tout cas son adhésion : « Il vit et il crut ».

Les couleurs et les mouvements

Une certaine chaleur est présente dans l'œuvre. Seul le linceul est blanc, ainsi que le caveau sur lequel il est posé. Ces deux éléments sont les seules traces de la mort perceptible dans la composition du tableau. Ils sont mis en valeur par l'obscurité du tombeau qui contraste avec la lumière extérieure et le bleu vif du ciel. Tous les autres éléments évoquent la vie et la lumière. Les couleurs chatoyantes des vêtements, les nuances des drapés, la douceur des couleurs extérieures, constituent un ensemble cohérent qui fixe l'attention sur les deux disciples. Le vent soufflant dans les vêtements de Jean, les pieds levés en mouvement de marche évoquent déjà le départ du tombeau, l'envoi vers les autres disciples. La résurrection n'est pas représentée et pourtant, c'est en elle que les disciples croient lorsqu'ils découvrent le tombeau vide. Tout se joue autour des contrastes et des attitudes.

Temps fort
« Je crois »

Quelques repères pour les catéchistes

Le Credo

Le Symbole des Apôtres ou le credo de Nicée-Constantinople sont une synthèse de la foi professée par les chrétiens. Ils trouvent leur source dans l'Ancien et le Nouveau Testament.
Dans l'**Ancien Testament**, la première confession de foi du peuple hébreu est une réponse aux paroles du Décalogue : « Je suis le Seigneur, ton Dieu, qui t'a fait sortir du pays d'Égypte, de la maison d'esclavage. Tu n'auras pas d'autres dieux que moi. » (Dt 5,6-7). Exprimée de diverses manières, la formule la plus célèbre est : « Écoute Israël, Yahvé est notre Dieu et le seul Dieu. Tu aimeras Yahvé ton Dieu, de tout ton cœur, de toute ton âme et de tout ton esprit. » (Dt 6,4-5).
De nombreuses professions de foi jalonnent le **Nouveau Testament**, l'une des plus connues est la réponse de Pierre « Tu es le Christ » à la question de Jésus : « Pour vous qui suis-je ? » (Mc 8,29). Mais c'est surtout après les événements pascals que l'on en trouve le plus. Dans les épîtres de Paul et dans les Actes des Apôtres, Jésus est reconnu comme « Seigneur », « Fils de Dieu », « Christ », « Jésus Christ ».

Confesser sa foi

Pour un chrétien confesser sa foi a une double signification :

- Dire « je crois » signifie s'engager à suivre le Christ en devenant frère des autres chrétiens et membre de l'Église du Christ. L'engagement professé le jour du baptême et répété chaque dimanche, est à la fois individuel (le *Credo* commence par « je crois ») et communautaire (il est prononcé en assemblée). La Vigile pascale, en reprenant la profession de foi baptismale souligne l'adhésion communautaire.
- Confesser sa foi signifie adhérer au contenu de la foi de l'Église.

Deux Symboles sont utilisés au cours des eucharisties dominicales depuis la promulgation du missel de Paul VI en 1970 :

- Le Symbole des Apôtres qui s'enracine dans la foi du Nouveau Testament et des premières Églises (notamment celle de Rome), c'est-à-dire dans la foi des apôtres ;
- Le symbole de Nicée-Constantinople écrit en 325 par les pères de Nicée en réaction contre l'hérésie d'Arius qui niait la divinité du Christ, et complété en 381 lors du concile de Constantinople. Il est commun aux Églises d'Orient et d'Occident.

Que dit le contenu de la foi professée avec le Symbole des Apôtres ?
Le Symbole des Apôtres confesse la foi en Dieu « le Père », en « Jésus Christ » son Fils, et en « l'Esprit Saint ».

« Je crois en Dieu, le Père tout-puissant créateur du ciel et de la terre »

« Je crois en Dieu » est l'affirmation fondamentale du *Credo* qui prend sa source en Dt 6,4-5. Le symbole de Nicée-Constantinople souligne en plus l'unicité de Dieu « un seul Dieu ».
« Le Père » : il est une personne de la Trinité qui exprime amour et tendresse. Mais l'analogie paternelle peut être risquée avec certains jeunes. L'Ancien Testament préfère utiliser l'analogie maternelle avec les « entrailles féminines de miséricorde » de Dieu Père. Mais il y a là aussi risque de réduction. L'idée à retenir est que, régulièrement incompris et rejeté, Dieu continue à aimer l'être humain et à lui ouvrir des chemins de salut.
« Tout-puissant » : il est une puissance plus forte que la mort et le mal, et qui se manifeste dans la résurrection. C'est la toute-puissance d'un amour divin qui respecte la liberté de la personne.
« Créateur du ciel et de la terre » : cette toute-puissance n'est ni celle d'un dictateur autoritaire ni celle d'un Dieu magicien (il n'empêche pas le mal et les malheurs : catastrophes naturelles, maladie, mort). C'est une puissance de bienfait, généreuse, gratuite, surabondante (Gn 1). Dieu a créé l'homme capable d'aimer.

« Et en Jésus Christ son Fils... »

La seconde partie du *Credo* qui concerne Jésus Christ prend les deux tiers du texte. La filiation divine du Christ est centrale : il est

Seigneur comme Dieu lui-même puisqu'il est « conçu du Saint Esprit ». L'expression « né de la Vierge Marie » complète et permet de dire à la fois sa divinité et son humanité.
Sont ensuite évoqués les grands événements de la vie de Jésus Christ. La passion, la croix, la mort accomplissent ce qui est annoncé dans les Écritures (il est le serviteur souffrant annoncé en Isaïe). Sa mort exprime l'amour extrême de Dieu pour l'humanité : « un amour bienveillant qui précède tout mérite de notre part » (*Catéchisme de l'Église Catholique* n° 604).
« Il a été crucifié » : la croix est un symbole chrétien parce que le Christ en mourant sur la croix révèle son amour puissant et sauveur pour tous les hommes.
« Il est descendu aux enfers » signifie qu'il a rejoint tous ceux qui étaient morts pour les sauver.
La fin de cette partie présente l'achèvement glorieux de la vie du Christ :
« Le troisième jour, il est ressuscité des morts » : la résurrection n'a aucun témoin oculaire mais elle a eu des manifestations historiques auxquelles ont assisté des hommes et des femmes. Leur témoignage donnera naissance aux premières communautés chrétiennes. Elle est au cœur du mystère de la foi (*cf.* Repères sur la résurrection, étape 4, pp. 72-75).
« Il est monté au ciel, il est assis à la droite de Dieu, le Père tout-puissant » : depuis l'Ascension nous sommes entrés dans les derniers temps promis : le Royaume promis est déjà-là, mais pas encore accompli. Nous attendons sa venue.
« D'où il viendra pour juger les vivants et les morts » : seront mis en lumière la conduite de chacun et le secret des cœurs en référence à Mt 25,40 (*cf. Catéchisme de l'Église Catholique* n° 678). Attention aux fausses représentations liées à des images magiques de Dieu : est-ce la condamnation d'un être par Dieu ? Ou le respect de la liberté de chacun de croire ou pas en l'amour de Dieu ?

« Je crois en l'Esprit Saint »

C'est une personne de la Trinité. À la Pentecôte, sa manifestation fait entrer le monde dans le temps de l'Église.
« La sainte Église catholique » : « sainte » parce que sanctifiée par l'Esprit Saint mais non sans péché, « catholique » : parce que destinée à l'humanité tout entière, c'est-à-dire universelle.
« À la communion des saints » : il s'agit de la communion aux choses saintes et aux personnes saintes de tout lieu et de tout temps (*cf. Catéchisme de l'Église Catholique* n° 948).
« À la rémission des péchés » : en donnant l'Esprit Saint, le Christ donne pouvoir de pardonner les péchés en son nom (*cf. Catéchisme de l'Église Catholique* n° 976).
« À la résurrection de la chair » : « Nous croyons fermement et ainsi nous espérons, que de même que le Christ est vraiment ressuscité des morts, et qu'il vit pour toujours, de même après leur mort les justes vivront pour toujours avec le Christ ressuscité et qu'il les ressuscitera au dernier jour. » (*cf. Catéchisme de l'Église Catholique* n° 989).
Ce sont nos corps mortels (Rm 8,11) qui reprendront vie et ce n'est pas seulement la vie de l'âme immortelle qui continuera.
« Et à la vie éternelle » : « le chrétien qui unit sa propre mort à celle de Jésus voit la mort comme une vie avec lui et l'entrée dans la vie éternelle » (*cf. Catéchisme de l'Église Catholique* n° 1020).
La conclusion « Amen » est l'adhésion du croyant à la foi de l'Église. Il signifie « oui, je peux m'appuyer sur cela pour vivre et croire ».

Comment en parler avec les jeunes ?

S'approprier le *Credo* en passant par une parole personnelle.
Comment répondre à la question de Jésus « Pour vous qui suis-je ? » avec des jeunes ?
Si les mots de la Tradition sont indispensables, leur enseignement ne suffit pas. Il faudra favoriser tout ce qui permet aux jeunes de s'approprier la foi de l'Église. Et en même temps, le catéchiste aura à cœur de toujours relier cette foi professée à la vie quotidienne. Être témoin de la foi c'est rendre possible chez les autres la question de Dieu. Le catéchiste suscitera les questions des jeunes par son témoignage et par celui de l'Église. Dans ce module, saint Martin est un bel exemple d'une vie bousculée par le Christ. En découvrant comment la vie de

certains est transformée par la Parole de Dieu, les jeunes pourront eux aussi interroger leur vie à la lumière de la résurrection. C'est quand elle est exprimée librement que la foi peut grandir.

Les méthodes actives permettant aux jeunes d'oser une expression personnelle seront donc à privilégier.

Enjeu du temps fort « Je crois »

À la fin du temps fort, les jeunes auront interrogé leur foi à la lumière de la profession de foi de l'Église reçue au baptême

Objectifs

- Entrer dans la compréhension du *Credo*
- S'approprier le *Credo*
- S'appuyer sur un témoin : saint Martin

Ce temps fort peut se dérouler sur une journée ou sur deux jours.

Sur une journée : le matin : accueil, lancement, un atelier au choix ; l'après-midi : jeu, goûter et atelier appropriation, temps liturgique. Veillée à partir de la vidéo de saint Martin (mimes de quelques événements de sa vie, le manteau, le baptême, l'évangélisation, les premières paroisses, *etc.*), animations, chants ou jeu à partir de l'atelier « saint Martin ». Finir par un temps de prière.

Sur deux jours : premier jour : idem ; deuxième jour : temps fort « Va en paix » (module « Heureux d'aimer ») et les deux ateliers restants.

Matériel

- Une bible
- Le livret jeune
- Voir le matériel pour chacun des ateliers

Chants

- Ils deviennent chemin, n° 7
- Dieu notre Père, amour puissant, n° 8

Déroulement

Accueil

- Accueillir les jeunes et les parents présents. On peut donner un badge avec les noms, prénoms et noms ou couleur de l'équipe. En fonction du nombre de jeunes, on peut, soit garder les équipes habituelles, soit former de nouvelles équipes pour le temps fort.

Ouverture liturgique

- Chanter « Ils deviennent chemin ».
- Mettre en valeur le signe de la croix : au nom du Père, du Fils et du Saint Esprit, Amen : signation avec l'eau.
- Tracer le signe de croix.
- Lire Jn 20,1-10.
- L'animateur dit : « Le tombeau vide est le signe de la résurrection. C'est là que commence la foi pour les apôtres. À leur suite, avançons sur notre chemin de foi en vivant les différents ateliers qui nous sont proposés. »
- Dire ensemble la prière du *Notre Père*.
- Chanter « Dieu notre Père, amour puissant ».

Lancement

- Présentation des ateliers.
- Envoi dans les ateliers (prévoir vingt jeunes et deux catéchistes par atelier).

Les ateliers

Cf. pages suivantes.

Temps fort
« Je crois »

Un temps liturgique final

- Lorsque les jeunes reviennent des ateliers, remettre à chaque jeune une votive.
- Chanter « Ils deviennent chemin ».
- Allumer le cierge pascal et transmettre la lumière à chacun.
- Dire ensemble le *Credo*.
- Chanter « Dieu Notre Père Amour puissant ».

Atelier dialogue contemplatif à partir de Jn 20,1-10

Matériel

- Une bible par jeune ou le livret jeune p. 16
- Le livret jeune p. 21 pour que chacun ait sous les yeux le guide de prière

Pour le temps de prière, il est souhaitable, si vous en avez la possibilité, de changer de lieu. Si cela n'est pas possible, signifier clairement que l'on entre dans le temps de la prière : disposer la bible, allumer une bougie, *etc.*

Déroulement

1er pas

- Commencer par dire ce que vous allez vivre avec les jeunes et leur donner le déroulement et les consignes pour ne pas avoir à les redonner pendant le dialogue contemplatif :
  - Chants
  - Proclamation du texte de Jean
  - Lecture en silence
  - Reprise de mots ou phrases du texte par chacun
  - Expression personnelle à l'aide de la prière proposée dans le livret jeune p. 21 : dire aux jeunes qu'ils pourront choisir une phrase et la dire.
  - Le *Notre Père*
  - Signe de croix
- Donner les références du texte de Jean pour que chacun puisse le chercher dans la bible et l'avoir sous les yeux pendant la prière.

2e pas

- Commencer par chanter « Dieu notre Père, amour puissant ». On peut le reprendre plusieurs fois pour que les jeunes soient réceptifs à la Parole de Dieu.

De préférence, chanter sans l'aide de CD, pour que le chant ne reste pas extérieur, mais vienne de l'intérieur.

- Proclamer le texte de Jn 20,1-10.
- Chacun relit dans le silence le texte, plusieurs fois s'il le faut. Laisser du temps pour cela.
- À tour de rôle chacun relève une phrase, un mot du texte qui le rejoint et l'exprime à voix haute.

Ce n'est plus le moment d'expliquer le texte ; le texte a été découvert lors de l'étape 4. Chacun peut s'exprimer plusieurs fois, la méditation n'en est que plus riche et il faut du temps aux jeunes pour entrer dans ce dialogue avec le texte. L'animateur veille à bien relancer et à nourrir la méditation si besoin. Si les mêmes mots ou phrases sont relevés plusieurs fois, aucune importance, nous nous faisons le cadeau les uns les autres de ce que l'Esprit Saint dit à nos cœurs à travers ce texte qui vient d'être proclamé et qui devient Parole pour moi aujourd'hui, pour nous ici rassemblés.

3e pas

- Proclamer à nouveau le texte.
- Dans le livret jeune p. 21, les jeunes choisissent une phrase qui les rejoint et l'expriment à haute voix. Si on veut, tous peuvent reprendre la dernière partie de la phrase pour que la prière ne soit plus simplement personnelle mais devienne celle de l'assemblée qu'ils forment (Exemple : « Seigneur, tu es là et tu habites en moi, Louange à toi Seigneur ». Tous reprennent : « Louange à toi Seigneur »).

Même chose que pour le texte biblique, la prière sera plus riche si les jeunes s'expriment plusieurs fois ; l'animateur la relance et la nourrit si besoin.

- Rassembler la prière par le *Notre Père*.
- Terminer par le signe de croix.

Inviter les jeunes à dire le *Credo* chaque jour jusqu'à leur profession de foi.

Atelier création

Objectifs

- Réaliser un objet en lien avec la profession de foi
- S'approprier le sens de ce qui est réalisé (les signes du baptême pour le cadre ; la foi en Dieu trinitaire pour la croix)

Plusieurs réalisations sont proposées :

- Croix en argile
- Croix en mosaïque
- Cadre des signes du baptême

Croix en argile

Matériel par personne

- De l'argile
- Une feuille de journal
- Une feuille de papier sulfurisé
- Un pochoir
- Un couteau, un pique-brochette, un trombone
- Des graines
- Un plateau de carton pour les réalisations finales

Déroulement

- Étaler sa feuille de journal sur la table et sa feuille de papier sulfurisé dessus.
- Choisir son pochoir pour la forme de croix.
- Aplatir l'argile.
- Découper sa croix dans l'argile avec le couteau.
- Graver au pique-brochette son nom au dos de la croix.
- Enfoncer le trombone dans la pâte molle pour servir de crochet de suspension.
- Décorer avec des graines enfoncées au pique-brochette.
- Étaler les croix à plat sur le plateau de carton pour laisser sécher 24 heures.

Croix en mosaïque

Matériel par personne

- Une planchette
- Un pot de peinture
- Un pot de colle
- Un pot d'eau
- Une feuille de papier journal
- Vingt-quatre carreaux de mosaïque de couleurs différentes
- Un bâtonnet ou spatule
- Un chiffon
- Un morceau d'éponge
- Du joint

Déroulement

- Étaler la feuille de papier journal sur la table.
- Positionner les carreaux de mosaïque sur la planchette comme sur le modèle ci-joint.

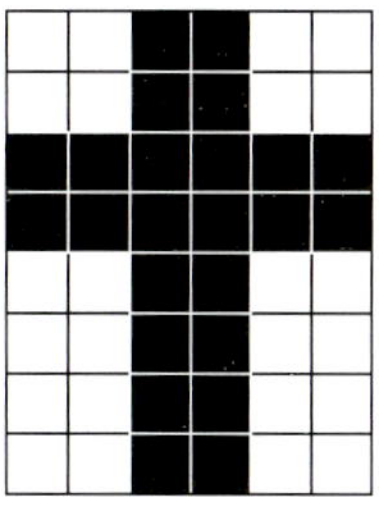

- Coller les carreaux en étalant de la colle à l'arrière grâce au pinceau (colle liquide) ou à la spatule (colle épaisse).
- Retourner la planchette et peindre le verso et les tranches.
- Laisser sécher 24 heures.
- Coller son nom sur le dos peint s'il est bien sec.
- Étaler du joint à la spatule.
- Laver délicatement à l'éponge humide et au chiffon les traces de joint.
- Laisser sécher 24 heures.

Temps fort « Je crois »

Cadre des signes du baptême

Matériel

- Une plaque de bois 20 x 15 cm
- De la peinture dorée acrylique
- Du vernis-colle pour serviette en papier
- Des serviettes en papier avec motifs chrétiens : bougie, eau, croix, bible, *etc.*
- Des pinceaux
- Des ciseaux

Déroulement

- Passer une couche de peinture dorée sur la plaque de bois.
- Laisser sécher environ une demi-heure.
- Pendant ce temps, le jeune choisit des motifs sur la serviette et les découpe avec précaution.
- Séparer les épaisseurs de la serviette (en général trois épaisseurs).
- Passer une couche de vernis-colle sur le cadre peint.
- Positionner les motifs choisis.
- Passer du vernis-colle en partant du milieu du motif très délicatement sur toute la surface (même si tout est blanc, cela n'a aucune importance, au séchage tout disparaît).
- Puis laisser sécher environ 30 minutes.

Atelier jeu du Credo

Objectifs

- Découvrir le *Credo* de l'Église
- Comprendre le *Credo*

Règle du jeu

Réunir les quatre clés nécessaires pour ouvrir le trésor.

Chaque équipe doit passer par chacun des stands. Chaque étape est validée par la remise d'une clé.

À la fin du jeu, toutes les clés de toutes les équipes sont nécessaires pour ouvrir le trésor dans lequel se trouve le *Credo*.

Durée : 1 h 30 à 2 h

Le jeu se joue par équipe de 8 à 10 joueurs (avec ou sans animateur).

Matériel

- Une carte au trésor par équipe (*cf.* Supplément du catéchiste)
- Cinq stands ou tables de jeu :
  - Stand « Départ »
  - Stand « Père »
  - Stand « Fils »
  - Stand « Esprit Saint »
  - Stand « Église »
- Une bible par étape
- Une clé par équipe et par stand
- Un crayon, de la colle et des ciseaux par équipe
- Le trésor

Prévoir un adulte par poste de jeu

Déroulement

Temps de lancement du jeu

- Constituer les équipes.
- Donner l'objectif du jeu, énoncer la règle du jeu et les consignes.

Stand « Départ »

Objectif

- Ce stand a pour objectif de répartir les équipes sur l'ensemble du jeu

Matériel

- Autant de bibles que d'équipes
- Quatre cartes énigmes par équipe (*cf.* Supplément du catéchiste)
- Autant d'enveloppes d'énigmes que d'équipes. Exemple : s'il y a huit équipes, prévoir deux enveloppes pour chaque énigme, *etc.*
- Une carte au trésor par équipe

Pour commencer le jeu, chaque équipe doit résoudre une énigme pour découvrir par quel stand elle va commencer.

Si l'équipe résout l'énigme de l'enveloppe « Père », elle commence par le stand « Père », et continue par « Fils », « Esprit » et « Église ».

Si l'équipe résout l'énigme de l'enveloppe « Fils », elle commence par le stand « Fils », et continue par « Esprit », « Église » et « Père » et ainsi de suite.

Énigme 1 : envoie au stand « Père »

« Cherchez ce passage dans la bible : Jn 12,44-45.
– De qui parle Jésus ? » (Réponse : son Père)

- Lorsque l'énigme est résolue, l'animateur du stand remet à l'équipe sa carte au trésor sur laquelle est inscrit son parcours et l'envoie vers son premier stand : « Père ».

Énigme 2 : envoie au stand « Fils »

« Cherchez ce passage dans la bible : Jn 14,9. "Qui me voit, voit le Père."
– Qui suis-je ? » (Réponse : son Fils)

- Lorsque l'énigme est résolue, l'animateur du stand remet à l'équipe sa carte au trésor sur laquelle est inscrit son parcours et l'envoie vers son premier stand : « Fils ».

Énigme 3 : envoie au stand « Esprit Saint »

« Cherchez ce passage dans la bible : Lc 24,49. "Et voici que moi, je vais envoyer sur vous ce que mon Père a promis."
– Quelle est cette force ? » (Réponse : l'Esprit Saint)

- Lorsque l'énigme est résolue, l'animateur du stand remet à l'équipe sa carte au trésor sur laquelle est inscrit son parcours et l'envoie vers son premier : « Esprit Saint ».

Énigme 4 : envoie au stand « Église »

« Cherchez ce passage dans la bible : Ep 2,19-21.
– De quelle maison parle saint Paul ? » (Réponse : l'Église)

- Lorsque l'énigme est résolue, l'animateur du stand remet à l'équipe sa carte au trésor sur laquelle est inscrit son parcours et l'envoie vers son premier stand : « Église ».

Stand « Père »

À l'arrivée au stand, l'animateur remet à l'équipe une enveloppe dans laquelle se trouvent les deux épreuves qu'elle aura à réaliser. Il n'y a pas d'ordre pour leur réalisation.

Matériel

- Une table
- Une enveloppe par équipe avec les deux épreuves (*cf.* Supplément du catéchiste)
- Si l'étape se passe en intérieur : des formes en papier (carré, rectangle, rond, découpées dans des papiers de couleurs ou des assiettes en carton) et/ou des matériaux (laine, bâtonnet, bois, carton, tissu, colle, *etc.*)
- Une clé par équipe

Épreuve 1 : « Je crois en Dieu le Père tout-puissant »

Objectif : découvrir quelle est la puissance de Dieu le Père
But : à partir des mots imposés, trouver d'autres mots pour exprimer la puissance d'amour du Père
Sur la grille, placez les mots « PUISSANCE » et « AMOUR ».
Puis, à partir de chaque lettre, composez un mot qui exprime la puissance de l'amour.
Sur votre carte au trésor, écrivez la phrase du *Credo* correspondant à cette énigme.

Épreuve 2 : « Créateur du ciel et de la terre »

Objectif : découvrir le Père créateur
But : réaliser en équipe un objet, un personnage ou un animal
Dieu créa le ciel et la terre... À vous de jouer ! Avec ce que vous allez trouver, devenez vous-mêmes créateurs !
Si l'étape se vit à l'extérieur :
Avec ce que vous trouvez dans la nature, réalisez en équipe un objet de votre choix.
Si l'étape se vit en intérieur :
À partir des formes en papier et/ou des matériaux disponibles, réalisez en équipe un personnage, un objet ou un animal.
Attention, sur votre carte au trésor, n'oubliez pas d'écrire la phrase du *Credo* correspondant à cette énigme.

Si vous avez passé avec succès ces deux épreuves et rempli votre carte, retournez à la table de jeu pour y recevoir votre clé.

- Une fois les deux épreuves réalisées, l'équipe retourne à la table de jeu et présente à l'animateur sa carte au trésor pour validation. Après avoir vérifié que les deux phrases du *Credo* sont bien inscrites, l'animateur remet au groupe la clé de cette étape et renvoie l'équipe vers son prochain stand.

Temps fort « Je crois »

Stand « Fils »

Objectif

- Mettre en lien les événements de la vie du Christ avec l'expression du *Credo*

But

- À partir des vitraux de la cathédrale de Chartres, remettre en ordre les événements de la vie du Christ

Matériel

- Une table
- Une enveloppe par équipe avec l'épreuve (*cf.* Supplément du catéchiste)
- Les vitraux de la cathédrale de Chartres aux traits, en noir et blanc, sur papier (*cf.* Supplément du catéchiste)

Épreuve

Remettez en ordre les événements de la vie du Christ. Si vous réussissez, vous obtiendrez un code qui vous permettra d'accéder aux phrases du *Credo* correspondantes. N'oubliez pas de les recopier sur votre carte au trésor.

Réponse

Annonciation (vitrail l'enfance du Christ) : *Son Fils unique notre Seigneur*
il a été conçu du Saint Esprit
Naissance (l'enfance du Christ) *est né de la Vierge Marie*
Procès ou flagellation (vitrail la passion du Christ) *il a souffert sous Ponce Pilate*
Crucifixion (la passion) *il a été crucifié, il est mort*
La mise au tombeau (la passion) *il a été enseveli*
L'enfer (dans la Rose occidentale) *il est descendu aux enfers*
L'apparition aux saintes femmes (la passion) *le troisième jour, il est ressuscité d'entre les morts*
Le Christ monte au ciel et entre dans la gloire (vitrail des apôtres) *il est monté au ciel*
Le Christ en Gloire (Rose occidentale) *il est assis à la droite de Dieu le Père tout-puissant*
La pesée des âmes (Rose occidentale) *d'où il viendra juger les vivants et les morts*

Le code : *Ictus* (pour la forme papier, au dos des illustrations, le poisson dans lequel est écrit au centre ICTUS).

- L'épreuve terminée, l'animateur du stand « Fils » vérifie la carte au trésor de l'équipe, lui remet la clé de cette étape et la renvoie vers son prochain stand.

Stand « Esprit Saint »

Objectif

- Découvrir l'Esprit Saint à partir des attributs que la Tradition de l'Église lui donne

Matériel

- Une table
- Plusieurs balles de ping-pong
- Plusieurs bougies
- Plusieurs bassines (en fonction du nombre d'équipes à jouer en même temps)
- Plusieurs gobelets en plastiques (en fonction du nombre d'équipes à jouer en même temps)
- Une grande feuille en papier par équipe
- Un peu d'huile

Prévoir un animateur par épreuve.

Pour chacune de ces épreuves, on peut mettre plusieurs équipes en compétition. L'ordre de passage des épreuves est indifférent.
Après chaque épreuve, l'animateur coche celle réalisée sur la carte au trésor de l'équipe.

Épreuve 1 : L'Esprit est comme… le souffle… il est léger, discret, libre, il anime.

But : conduire une balle de ping-pong d'un point à l'autre de la table (que l'on aura déterminé) sans toucher la balle mais à l'aide du souffle.

Épreuve 2 : L'Esprit est comme… le feu… il éclaire, il réchauffe, il purifie.

But : se passer la lumière sans l'éteindre, en relais d'équipe.

- Préparer un parcours à faire par chaque équipe. On peut prévoir des obstacles pour rendre le jeu plus difficile.
- L'équipe doit réaliser le parcours en se passant la lumière en relais sans jamais éteindre la bougie.

Épreuve 3 : L'Esprit est comme... l'eau, il lave, il régénère, il irrigue.

But : remplir une bassine d'eau en passant l'eau de mains en mains, en relais d'équipe.

- Chaque jeune de l'équipe s'assied par terre, les jambes écartées, en ligne les uns derrière les autres.
- Placer une bassine remplie d'eau devant le premier jeune, une bassine vide derrière le dernier. Le but est de vider la bassine de devant pour remplir celle de derrière à l'aide d'un verre qui doit passer de mains en mains jusqu'à la bassine de l'arrière.

Épreuve 4 : L'Esprit est comme... l'huile... il pénètre, il habite, il révèle.

But : marquer de son empreinte la feuille d'équipe de son équipe

- Chaque jeune trempe un doigt dans de l'huile et marque de son empreinte la feuille de l'équipe pour y laisser sa trace.
- Les épreuves terminées, l'animateur du stand « Esprit Saint » vérifie la carte au trésor de l'équipe, lui remet la phrase de *Credo* correspondante (à recopier), la clé de cette étape et l'envoie vers sa prochaine étape.

Stand « Église »

Objectif

- Découvrir l'Église et la fin du *Credo*

Matériel

- Des tapis pour la pyramide
- Une table

Épreuve 1

But : faire une pyramide humaine.

L'Église est un corps. Chrétiens, nous sommes liés dans le Christ, dépendants les uns des autres...

Réalisez une pyramide humaine et tenez-la pendant au moins 30 secondes.

Si vous échouez, recommencez jusqu'à ce que vous y arriviez...

Épreuve 2

But : décodez le texte remis dans l'enveloppe

À l'aide du code « AVOCAT », décodez le texte, puis recopiez-le sur votre carte au trésor.

Le code :

de A à M

A	B	C	D	E	F	G	H	I	J	K	L	M
K	L	M	N	O	P	Q	R	S	T	U	V	W

de N à Z

N	O	P	Q	R	S	T	U	V	W	X	Y	Z
X	Y	Z	A	B	C	D	E	F	G	H	I	J

Le texte :

OX VK CKSXDO OQVSCO MKDRYVSAEO,
K VK MYWWEXSYX NOC CKSXDC,
K VK BOWSCCSYX NOC ZOMROC,
K VK BOCEBBOMDSYX NO VK MRKSB
K VK FSO ODOBXOVVO.

Réponse :

En la sainte Église catholique,
À la communion des saints,
À la rémission des péchés,
À la résurrection de la chair,
À la vie éternelle.

- Les épreuves terminées, l'animateur du stand « Esprit Saint » vérifie la carte au trésor de l'équipe et donne la clé de cette étape.

- Toutes les équipes se retrouvent au coffre-fort devant le trésor de la Foi.

Trésor

Matériel

- Le texte du *Credo* reproduit sur une grande feuille : soigner la présentation
- Un gros paquet de bonbons

Déroulement

- Toutes les équipes donnent leurs quatre clés.
- Ouvrir le coffre dans lequel se trouvent des bonbons et un grand texte du *Credo*.

Temps fort
« Je crois »

Atelier appropriation du Credo

Objectif

- S'approprier le *Credo*

Déroulement

À vivre après le jeu.

- Chanter « Dieu notre Père, Amour puissant ».
- Lire le *Credo*.
- Regarder le micro-trottoir « Croire ou ne pas croire... », (*cf.* www.seldevie.fr), en discuter et proposer aux jeunes de l'équipe de répondre eux aussi aux questions posées aux jeunes interviewés.
- Demander aux jeunes ce que représente leur profession de foi pour eux. Après un temps d'expression personnelle, lire ensemble la p. 19 du livret jeune et repérer les signes du baptême que l'on retrouve à la profession de foi.
- Temps personnel : relire le *Credo* seul et en silence dans le livret jeune p. 20 et répondre à deux ou trois questions posées dans les bulles. Échanger autour de chaque signe.
- Puis se demander pourquoi l'eau est le signe central du baptême. Après un temps d'expression personnelle, lire la p. 18. Demander aux jeunes ce que représente l'eau pour eux. Même question avec l'eau du baptême.

Atelier témoin de la foi : saint Martin

Objectifs

- Se familiariser avec la vie de saint Martin
- Retenir quelques événements marquant pour la foi des jeunes aujourd'hui

Déroulement

- Regarder le diaporama de saint Martin ou lire la BD dans le livret jeune pp. 24-26.
- Réaliser le jeu « Qui est saint Martin ? » (*cf.* livret jeune p. 28). On peut le faire sous la forme d'un quiz collectif.
- Répartir les jeunes par binôme : l'un raconte à l'autre un événement de la vie de saint Martin qui l'a marqué. Puis l'autre raconte un autre épisode.
- L'animateur demande aux jeunes ce qui chez saint Martin peut les aider à vivre en chrétiens.
- L'équipe se met d'accord pour donner un autre titre à la BD qui mette en valeur ce que les jeunes ont retenu de la vie de saint Martin.